欧洲典型国家铁路运营管理模式研究

郭树东　田亚明　胥振铎　等◎编著

中国铁道出版社有限公司

2024年·北 京

图书在版编目(CIP)数据

欧洲典型国家铁路运营管理模式研究/郭树东等编著.—北京:中国铁道出版社有限公司,2024.1
ISBN 978-7-113-30300-6

Ⅰ.①欧… Ⅱ.①郭… Ⅲ.①欧洲联盟-铁路运输-运营管理-管理模式-研究 Ⅳ.①F535.06

中国国家版本馆 CIP 数据核字(2023)第 104136 号

书　　名： 欧洲典型国家铁路运营管理模式研究
作　　者： 郭树东　田亚明　胥振铎　等

责任编辑： 秦绪涛　李纯一　　　　**编辑部电话：**（010）51873024
封面设计： 崔丽芳
责任校对： 苗　丹
责任印制： 樊启鹏

出版发行： 中国铁道出版社有限公司（100054，北京市西城区右安门西街 8 号）
网　　址： http://www.tdpress.com
印　　刷： 北京联兴盛业印刷股份有限公司
版　　次： 2024 年 1 月第 1 版　2024 年 1 月第 1 次印刷
开　　本： 710 mm×1 000 mm　1/16　**印张：** 14.75　**字数：** 183 千
书　　号： ISBN 978-7-113-30300-6
定　　价： 98.00 元

序

英国、法国、德国、西班牙是欧洲国家中最早一批发展铁路的国家，在基础设施、运输服务、科技创新、安全保障、经营管理、企业治理等方面积累了诸多有益的经验。特别是 20 世纪 80 年代以来，上述四国均以提升铁路运营效率，加快推进本国铁路市场化、法治化进程为目标，围绕铁路运营管理模式开展了系统的、深度的探索，在此过程中不断发现问题、研究对策、试错改进、优化提升，推动理论创新与实践检验融合共进，为其他国家铁路建设与发展提供参考与借鉴。

纵观四个国家的铁路运营管理模式，可以发现许多共性特征。比如，各国铁路基础设施均由国家统一管理；各国政府通过主动承担铁路历史债务、加大财政资金支持力度、构建铁路公益性补贴机制等方式，为铁路行业发展提供了有利的政策环境；铁路基础设施管理企业面向市场公布运能分配和收费规则，促进铁路运输业务市场主体多元化和适度竞争。

同时，由于各国国情、路情和发展理念不同，发展历程表现出一定差异。英国铁路经历了从国有化到私有化、到铁路基础设施再国有化的过程；法国铁路基础设施管理职能和运营管理职能经历了从合一到分离、再回归合一的过程；德国铁路在有序推进铁路运输市场开放的同时，始终保持国家铁路公司结构的稳定；西班牙铁路基础设施管理职能和运营管理职能虽然分离，但铁路基础设施管理企业与主要铁路运输企业均长期维持国有。

中国铁路经济规划研究院是国铁集团直属科研咨询企业，是铁路建设与发展的重要智库，长期关注国外铁路发展与改革历程。为了高质量完成本书，研究团队历时两年多时间，详细查阅了英文、法文、德文、西班牙文一手资料，系统梳理了各国铁路运营管理模式发展历程，聚焦各国铁路治理架构、基础设施运能分配机制、基础设施收费机制、运价机制等，总结提炼了经验启示。本书是一部资料扎实、内容翔实、结论务实的专著，可供铁路运营管理工作者和高等院校师生参考，也可供关注铁路的各界人士鉴赏。

值此书付梓之际，谨向研究团队表达衷心的祝贺，并希望相关研究人员能够百尺竿头更进一步，持续跟踪、深化研究，为我国铁路高质量发展提供更多高水平研究成果。

中国工程院院士 卢春房

2023 年 12 月

前　言

铁路是国家战略性、先导性、关键性重大基础设施，是国民经济大动脉、重大民生工程和综合交通运输体系骨干，是构建新发展格局的基础支撑、促进共同富裕的坚实保障和全面建设社会主义现代化国家的开路先锋，在经济社会发展中的地位和作用至关重要。铁路具有网络型规模经济特征，是设备联动、作业联劳、管理联贯的大联动机，对比一般的工业企业及其他交通运输类企业，铁路运营管理模式具有较强的专业性和特殊性。半个世纪以来，欧洲典型国家不断研究探索适合本国国情的铁路运营管理模式，其中既有经验亦有教训，值得全面总结、系统梳理、深入分析。

受国情、路情等诸多因素影响，不同国家铁路运营管理模式存在显著差异。有的实行网运合一，有的实行网运分离；有的以政府管控为主，有的以市场自由竞争为主；有的客货运输兼顾，有的以客运或货运为主。总体来看，欧洲典型国家的铁路运营管理模式既有共性亦有个性，且始终处于创新、变革、优化的迭代循环中。本书选择在铁路运营管理模式方面各具特点的英国、法国、德国、西班牙四国作为研究对象，从各国法律和政府文件、铁路公司年报、国家智库研究报告、学术期刊等一手原文资料入手，揭示各国铁路运营管理模式发展变迁的原因、成效及问题，总结经验启示。

本书包括总体介绍、国别论述、经验启示三部分。总体介绍部分，主要从改革历程、网运关系、授权运营及收费内容、铁路公益性运输服务、运输市场情况等方面进行概要总结。国别论述部分，主要关注四国铁路运营管理模式的发展历程和治理架构，并聚焦铁路基础设施运能分配机制、铁路基础设施收费机制、铁路运输企业运价机制等关键问题进行阐述归纳。经验启示部分，主要根据四国铁路发展中的共性特征提炼相关借鉴。此外，为了方便读者直观对比，本书还附上了四国铁路营业里程相关指标、铁路客货运输指标、国有铁路公司发展相关指标、国有铁路公司经营管理指标等。

本书主要编写人员有：中国铁路经济规划研究院郭树东、洪雁、田亚明、胥振铎、许浩平、窦静雅、刘蔚、靳瀚博、丁传琛、张泽锡等。本书由国铁集团客运部颜颖、货运部吴云云及中国铁道科学研究院贾光智审读，并得到了以下专家的指导和支持：中国国际发展知识中心魏际刚，国家发展和改革委员会经济体制与管理研究所史立新、于娟，中国铁道科学研究院黄银霞，北京交通大学武剑红、李远慧、李得伟。在此谨向为本书作出贡献的所有同志表示衷心感谢！

希望本书对推动我国铁路高质量发展、率先实现铁路现代化、勇当服务和支撑中国式现代化的“火车头”提供有益参考。本书如有谬误或遗漏之处，敬请指正。

作　者

2023 年 12 月

目录

第一章　欧洲主要国家铁路运营管理模式概述

第一节　改革历程

一、铁路改革初始指令要求

1985 年 9 月，欧洲法院 13/83 号判决要求欧洲理事会制定运输政策并支持欧洲运输市场开放。1991 年，欧洲理事会通过 91/440/EEC 号指令，要求铁路运输与基础设施业务至少实行会计分离（网运分离），同时规定原欧共体成员国为其他国家铁路运输企业在一定程度上开放路网，增加市场准入竞争。此后，欧盟先后公布三项指令，对铁路运营牌照、基础设施运能分配与收费原则、跨境铁路的互操作性等事项进行了初步规定。

截至 1996 年，欧盟 9 个成员国（当时共有 15 个成员国）将 91/440/EEC 号指令纳入本国法令，其中 5 个国家直接执行或单独立法，实行网运分离改革，开放路网、鼓励竞争，但市场上新增的铁路运输企业数量不多。欧盟不满意此次改革的效果，后续推出数个铁路一揽子计划（railway package），敦促成员国加快铁路改革步伐。欧盟（包括原欧共体）铁路改革初始指令要求见表 1-1。

表 1-1　欧盟(包括原欧共体)铁路改革初始指令要求

序号	法律文号	主要内容
1	91/440/EEC 号指令	欧盟铁路改革的纲领性文件,要求铁路运输与基础设施管理业务实行会计分离,要求欧共体成员国开始启动有限制的开放路网
2	95/18/EC 号指令	要求对符合基本条件的开展跨境列车业务的铁路企业发放牌照
3	95/19/EC 号指令	初步规定基础设施运能分配、收费原则等事项
4	96/48/EC 号指令	提出欧盟跨境高速铁路系统互操作的技术要求

二、欧盟第一个铁路一揽子计划

2001 年,欧洲理事会通过了第一个铁路一揽子计划,旨在促进铁路运输企业无歧视地进入泛欧铁路网,调整列车径路、优化运输组织、提高整体效率,建立反映成本构成的收费机制,减少跨境延误,引入质量标准。

(一)网运分离

2001/12/EC 号指令要求铁路运输与基础设施业务之间实行组织分离,这要求铁路基础设施运能分配、收费与牌照发放等业务必须从铁路运输业务中分离出来,推动新的铁路运输企业拥有向铁路市场化迈进的动力。同时,该指令还要求铁路运输企业实现客货运分离,客、货运业务分别制定独立的资产负债表、利润表等,禁止将公共服务合同收到的资金转用于其他运输服务。2001/14/EC 号指令初步要求各成员国建立统一的铁路基础设施运能分配与收费机制。

（二）开放路网

2001/12/EC 号指令要求，2003 年 3 月 15 日前，欧盟跨境货运路网要对跨境货运开放；2008 年 3 月 15 日前，成员国全面开放跨境铁路货运业务。

（三）互联互通

2001/16/EC 号指令作为 96/48/EC 号指令的补充，要求欧盟范围内的既有铁路网采取相同的技术安排，例如安全、控制系统、信号、货车和对从事跨境铁路运营的工作人员的培训，目的是确保跨境铁路运输的顺利和安全。

欧盟铁路改革第一个一揽子计划见表 1-2。

表 1-2　欧盟铁路改革第一个一揽子计划

序号	法律文号	主要内容	备注说明
1	2001/12/EC 号指令	要求铁路运输与基础设施业务管理实行组织分离	修订 91/440/EEC 号指令(1)
2	2001/13/EC 号指令	向所有铁路运输企业发放通用牌照	修订 95/18/EC 号指令(2)
3	2001/14/EC 号指令	基础设施收费、运能分配的具体要求	取代 95/19/EC 号指令(3)
4	2001/16/EC 号指令	提出欧盟跨境既有铁路系统互操作的技术要求	—

三、欧盟第二个铁路一揽子计划

2003 年，欧盟对第一个一揽子计划进行评估，认为该计划对铁路引入市场竞争发挥了积极作用，于是在 2004 年发布第二个一揽子计划，侧重于进一步开放货运运营业务，以及建设统一的技术和安全标准。

(一)开放路网

2004/51/EC号指令要求成员国废除进入壁垒,只要拥有欧盟发布的铁路运营牌照,任何铁路货运企业均可进入欧盟其他成员国的铁路网。欧盟跨境货运路网开放时间提前为2006年1月1日。

(二)互联互通

设立欧洲铁路署(ERA),负责管理和协调互操作性和安全要求的技术发展。2004/49/EC号指令侧重于铁路安全,要求各成员国创立安全部门,负责为铁路运输企业颁发安全证书、开展安全审计。2004/50/EC号指令提出欧洲铁路技术规范应用程序,以及路网改造开放、养护维修的技术要求。

欧盟铁路改革第二个一揽子计划见表1-3。

表1-3 欧盟铁路改革第二个一揽子计划

序号	法律文号	主要内容	备注说明
1	2004/881/EC号法规	设立欧洲铁路署	—
2	2004/49/EC号指令	促进铁路安全监管框架的协调统一	修订95/18/EC号指令(2)、2001/14/EC号指令(7)
3	2004/50/EC号指令	将2001/16/EC号指令的适用范围扩大到欧盟跨境的全部铁路网	修订96/48/EC号指令(4)、2001/16/EC号指令(8)
4	2004/51/EC号指令	开放欧盟货运铁路网	修订91/440/EEC号指令(1)

四、欧盟第三个铁路一揽子计划

2007 年，由两个指令和两个法规组成的第三个一揽子计划获得批准，规定全面开放跨境铁路客运服务，并对铁路司机驾照、公共服务合同下的铁路服务及铁路旅客的权利义务进行规定。

（一）开放路网

2007/58/EC 号指令要求成员国废除进入壁垒，要求成员国最迟从 2010 年 1 月 1 日起开放跨境铁路客运业务。但该指令存在一定豁免权，如签署公共服务合同的铁路线可以限制开放路网。

（二）互联互通

2007/59/EC 号指令为培训铁路司机和班组成员建立了欧洲牌照制度，规定了医疗健康、基础教育和一般专业技能的最低要求。

（三）铁路公益性补贴

2007/1370/EC 号法规强制推行"政府购买服务"模式，要求各成员国政府完善铁路公益性运输补贴机制。具体来说，国家或地方交通运输主管部门应与铁路运输企业之间签署铁路公益性服务合同，将铁路公益性服务的条件与补贴模式固化为有法律保障的协议，以此替代透明性低、存在内幕交易的行政指令。同时，该法规要求铁路公益性服务协议原则上必须通过市场化招标进行授权，只有极特殊情况可以采用直接授权。

（四）旅客权利义务

2007/1371/EC 号法规保护和扩大铁路旅客的权利，一是要求铁路客运运输企业为残疾人和行动不便者提供非歧视性援助；二是旅客死亡、受伤或者行李损坏，承运人应当给予赔偿；三是因承运人原因导致旅客延误或者取消行程,承运人应当给予赔偿或协助;四是建立投诉处理机制;五是公布有关时间表、运价条件和服务等可获得性的信息。

欧盟铁路改革第三个一揽子计划见表 1-4。

表 1-4　欧盟铁路改革第三个一揽子计划

序号	法律文号	主 要 内 容
1	2007/58/EC 号指令	修订 91/440/EEC 号指令(1)、2001/14/EC 号指令(7),开放欧盟跨境铁路客运网
2	2007/59/EC 号指令	发放欧盟司机与班组成员通用驾照
3	2007/1370/EC 号法规	提出公益性运输(PSO)合同的通用规范
4	2007/1371/EC 号法规	规定铁路客运的最低质量标准

五、欧盟过渡期铁路改革文件

为了简化铁路改革的各项指令法规,欧盟在 2008—2012 年对铁路第一个一揽子计划以来的铁路改革政策进行修编与合并,最终形成 2012/34/EU 号指令。一是要求提高铁路市场准入条件的透明度,如要求提供更详细的网络报表,以及提供更便捷的铁路相关服务;二是加强国家监管机构独立于任何其他公共当局的能力,并扩大其权限;三是进一步细化基础设施的管理规则,例如,要求国家与基础设施管理人员之间签订多年期合同协议,以及更精确的路网收费原则。另外,2012/34/EU 号指令还首次提出建立“单一欧洲铁路区”的概念,进一步推动欧盟国家铁路之间的互联互通。欧盟铁路改革过渡性文件见表 1-5。

表 1-5　欧盟铁路改革过渡性文件

序号	法律文号	主要内容	备注说明
1	2008/57/EC 号指令	规定欧盟范围内铁路系统互联互通需要满足的条件	取代 96/48/EC 号指令(4)、2001/16/EC 号指令(8)

续上表

序号	法律文号	主要内容	备注说明
2	2008/110/EC 号指令	进一步修订铁路安全规章	修订 2004/49/EC 号指令(10)
3	2008/1335/EC 号法规	调整欧洲铁路署的职能	修订 2004/881/EC 号法规(9)
4	2012/34/EU 号指令	修订并取代第一个一揽子计划指令	取代 2001/12/EC 号指令(5)等

六、欧盟第四个铁路一揽子计划

2013 年,欧洲委员会着手制定第四个一揽子计划,旨在消除各成员国剩余的法律、体制与技术壁垒,建立单一的欧洲铁路区。第四个一揽子计划于 2016 年通过。

该计划包含两个部分,分别是涉及铁路治理与路网开放的“市场支柱”(market pillar)(2016/2337/EU 号法规、2016/2338/EU 号法规、2016/2370/EU 号指令)和涉及铁路安全与互联互通的“技术支柱”(technical pillar)(2016/796/EU 号法规、2016/797/EU 号指令、2016/798/EU 号指令),两者必须分别在 2018 年 12 月和 2019 年 12 月之前纳入国家立法。

(一)开放路网

2016/2338/EU 号法规要求各国本地铁路客运服务市场开放,到 2023 年 12 月,公共服务合同必须全部开展竞争性招标(除部分特例),如基础设施公司定向授权某家铁路运输企业开展运营,必须包含经营业绩指标与服务质量要求。2016/2370/EU 号指令在“单一欧洲铁路区”概念指导下,要求加强基础设施管理人员的独立性和公正性,以促进国内客运市场开放,并为商业铁路客运服务制定规则。

（二）网运分离

2016/2370/EU 号指令允许铁路基础设施管理企业与铁路运输企业重新整合至同一家控股公司，但条件是实行法律、财务结构与业务结构的分离。该指令明确指出，在网运合一条件下，可以实现基础设施运能分配、收费业务与铁路运输业务的必要分离。

（三）互联互通

2016 年 6 月，欧盟铁路署（European Union Agency for Railways）正式成立，该机构强化了铁路司乘人员认证和安全认证方面的职能，实行统一的欧盟安全证书和司机上岗牌照。

欧盟铁路改革第四个一揽子计划见表 1-6。

表 1-6　欧盟铁路改革第四个一揽子计划

序号	法律文号	主要内容	备注说明
市场支柱			
1	2016/2337/EU 号法规	设立铁路运输企业的通用会计准则	—
2	2016/2338/EU 号法规	要求公共服务合同必须经过竞争性招标	修订 2007/1370/EC 号法规(15)
3	2016/2370/EU 号指令	要求成员国有序开放国内铁路客运市场	—
技术支柱			
4	2016/796/EU 号法规	将欧洲铁路署重组为欧盟铁路署	取代 2004/881/EC 号法规(9)
5	2016/797/EU 号指令	补充欧洲铁路互操作性规章	修订 2004/50/EC 号指令(11)
6	2016/798/EU 号指令	补充欧洲铁路安全规章	修订 2008/110/EC 号指令(18)

目前,欧盟铁路改革的四个一揽子计划中,仍处于有效状态的是第一个一揽子计划的修编版(2012/34/EU 号指令)与第四个一揽子计划,其余指令法规的要求均已废止。

第二节 网运关系

一、欧洲主要国家网运关系模式

网运关系指铁路基础设施管理职能和铁路运输职能之间的关系,目前欧洲主要国家[①]网运关系主要包括以下三种模式。

(一)网运分离

网运分离又称股权分离,指将铁路基础设施管理职能与铁路运输职能完全分离为两个或多个没有股权关系的公司,即成立独立的路网公司(或国家铁路网管理局)和运营公司。这种方式被许多路网规模在 1.5 万 km 以内的欧洲国家采用,包括比利时、保加利亚、捷克、克罗地亚、丹麦、爱沙尼亚、芬兰、希腊、荷兰、葡萄牙、罗马尼亚、斯洛伐克等国。欧洲主要国家中路网规模大于 1.5 万 km 且采用完全分离的国家主要有英国、西班牙等国。

(二)网运合一体系下的法人分设

网运合一体系下的法人分设指在同一个控股铁路集团公司控制下,铁路基础设施管理职能与铁路运输职能分离为两个公司分别经营,分别进行会计核算。其中的铁路基础设施管理公司统一负责铁路基础设施投资新建、运能分配和基础设施收费等,并对其他铁路运输企业提供准入机会。这种方式被许多路网规模在 1.5 万 km 以上的国家采用,包括法国、德国、意大利、波兰等。欧洲主要国家

① 本书所指“欧洲主要国家”主要包括欧盟 27 国及英国、挪威、塞尔维亚等国。

中路网规模小于 1.5 万 km 且采用法人分设的国家主要有奥地利、瑞士等国。

(三)网运合一体系下的独立事业部制

网运合一体系下的独立事业部制指在同一个铁路公司内部,将铁路基础设施管理职能和铁路运输职能设立独立事业部,分别设定绩效目标并开展利润核算。这种模式是前两种模式的准备阶段,英国、西班牙、德国等国家均在实施完全分离或部门分离前采用这种模式。目前仍然使用这种模式的国家包括匈牙利、爱尔兰、立陶宛、卢森堡等国。

二、实践效果

本书选取英国、法国、德国、西班牙 4 个典型国家进行讨论。其中,英国在 1993 年改革后实施网运分离模式;法国在 1997 年改革后一度采用网运分离模式,在 2014 年改革后改成网运合一体系下的法人分设模式;德国在 1994 年改革后实施网运合一体系下的法人分设模式;西班牙在 2005 年改革后实施网运分离模式。

国内外一些学者的理论研究认为,自然垄断行业的集中管理是造成管理低效的重要原因,只有在自然垄断行业推行基础设施管理职能和运营管理职能的分离,才能提升工作效率、增强企业盈利能力。但从欧洲典型国家铁路行业实践效果看,实行网运分离模式或网运合一下的法人分设模式后并未取得预期成效,表明铁路行业有其自身的特殊性,传统理论不完全适用。

(一)铁路网规模方面

从 2000 年至 2019 年,英国、法国、德国国家铁路营业里程增长率分别为 −1.8%、−10.59%、−7.9%。当然,铁路网规模与各国政府投资计划、铁路投资建设和更新改造成本等多方面因素密切相关，但从实践效果看，是否实行网运分离改革、实行何种类型的网运分离改革与各国铁路网规模增长之间并不存在直接的逻辑联系。

（二）铁路综合运输能力方面

英国1993年改革后，铁路客货运输周转量市场份额虽有一定提升，但长期没有突破10%；法国1997年改革后，铁路旅客周转量市场份额维持在10%左右，货物周转量市场份额显著下滑；德国1994年改革后，铁路客货周转量市场份额增长幅度都在2个百分点左右；西班牙2005年改革后，铁路客货周转量市场份额一直在4%～7%区间内徘徊。当然，铁路综合运输能力与各国地理面貌、经济特征、路网规模、居民出行习惯、物流流向等多方面因素密切相关，但从实践效果看，很难佐证网运分离有助于提升铁路综合运输能力的观点。

（三）国有铁路公司经营效益方面

从2011年至2019年，英国铁路网公司、法铁股份公司、德铁股份公司净利润累计增长率分别为－102.6%、－322.1%、－46.0%，均出现不同程度的降低。欧洲典型国家实施网运分离改革后，国有铁路公司虽然依旧维持着较高的市场份额，但其经营效益未显著提升。

为了弥补亏损，政府不得不向铁路公司大量提供补贴，甚至动用国家财政为铁路债务兜底。例如，1993年改革前，英国政府在1989-90财年为英铁公司提供了11.5亿英镑运营补贴，但经历了一系列改革后，到2019-20财年，英国政府为铁路行业提供的运营补贴接近65亿英镑；法国经历了1997年、2014年两次改革后，法铁公司依然债台高筑，法国政府不得不在2018年改革中承接高达 350 亿欧元的债务。2019 年,英国、法国、德国政府分别为本国铁路企业提供了 61.54 亿欧元、128.31 亿欧元、74.47 亿欧元的运营补贴。但截至 2019 年,英国铁路网公司、法铁股份公司、德铁股份公司的资产负债率分别为 88.1%、109.0%、77.3%,各国铁路企业资产负债率依然较高。当然,铁路公司经营效益取决于企业内部治理结构、市场竞争力等多方面因素,但从欧洲典型国家实践效果看,很难得出网运分离有助于提升铁路公司经营效益的结论。

第三节　授权运营及收费内容

一、政策要求

(一)监管体系

从第一个铁路一揽子计划开始,欧盟正式对各成员国铁路监管机构的组织构成与职能定位做出规定,并相继要求铁路监管机构监管铁路货运、跨境客运、国内客运等市场开放。根据 2012/34/EU 号指令要求,各成员国必须设立独立的基础设施运能授权运营与收费的监管机构,确保铁路基础设施运能在公平且非歧视状态下向铁路运输企业公开,主要承担以下工作:一是处理基础设施准入歧视的上诉;二是监督铁路基础设施管理企业与铁路运输企业之间的收费标准谈判,避免出现收费歧视;三是监督铁路市场竞争情况,主动采取适当措施防范竞争不足与恶性竞争。

同时,为建设统一的欧盟铁路网,欧盟于 2004 年初步设立欧洲铁路署,并在 2016 年改组为欧盟铁路署,旨在为欧盟成员国铁路部门提供对话协商与意见交流平台,确保铁路安全与互操作性情况发展。欧盟铁路署下设多个由专业人员组成的工作组,向欧盟委员会提供独立和客观的技术性支持与帮助。

（二）授权方式

1. 定向授权

定向授权指政府或铁路基础设施管理企业将某类铁路运输服务定向授权某个特定铁路运输企业经营，不需要进行招投标。该模式是最传统的铁路授权运营模式，也是欧盟层面逐步推动废除的模式。目前欧盟政策中，只有以下极特殊情况下的铁路公益性服务才能使用定向授权模式：①交通运输主管部门可以将公益性服务项目直接授权给其完全控制的铁路运输企业，但条件是该铁路运输企业的服务范围只能局限在主管部门管内，不能跨区域开行列车；②补贴总额在 750 万欧元以内的铁路公益性服务；③年运营总里程在 60 万 km 以内的铁路公益性服务；④有效投标主体只有一家；⑤中标主体主动中止铁路公益性服务合同，交通运输主管部门可直接授权新主体承接未完成的协议。

2. 竞争性招标授权

竞争性招标授权指政府或铁路基础设施管理企业公开向符合条件的所有铁路运输企业开展招标邀约，并根据事前公布的评标标准确定中标企业并签署合同，允许中标企业在一定范围、一定时间内按照一定频率、一定运价开展运营。

3. 开放准入授权

开放准入授权指政府或铁路基础设施管理企业事先发布路网公告，公布可用的基础设施运能资源，允许符合条件的所有铁路运输企业直接提交列车径路申请，并根据公开发布的优先级制定和调整列车运行图。

（三）收费内容

2012/34/EU 号指令为欧洲铁路基础设施收费系统的建立奠定了法律基础，规定了基础设施收费的四个主要目标：①确保铁路基础设施管理企业在合理期限内达到预算平衡;②确保铁路运输企业能够公平和不受歧视地进入市场;③鼓励铁路基础设施管理企业优化基础设施资源配置和运用;④提升铁路运输企业经营决策的合规性。另外,91/440/EEC 号指令要求欧盟成员国建立健全收费规则,并特别规定了铁路企业与政府之间、铁路基础设施企业与铁路运输企业之间在会计、法律、组织及决策上分离的原则。目前,欧盟成员国正在加快建立更透明的基础设施运能分配和收费体系。

根据欧盟 2012/34/EU 号指令,铁路基础设施收费遵循以下四项原则:①直接支付原则。基础设施费用由铁路基础设施管理企业直接收取,用于基础设施相关支出。②可变成本定价原则。基础设施收费标准总体上应覆盖列车开行产生的可变成本。③适度加价原则。在不影响铁路运输市场秩序的前提下,铁路基础设施管理企业可以在铁路运输企业承受范围内进行加价。加价主要考虑两类因素,分别是特定铁路基础设施建设项目或更新改造项目投资较大,以及保障繁忙路段通行压力较大时。④效率最大化原则。铁路监管机构围绕基础设施收费建立监督机制,鼓励铁路基础设施管理企业和铁路运输企业不断提高路网使用效率。

二、落实情况

(一)监管体系

截至 2022 年年末,欧洲主要国家基本上都建立起独立于铁路企业的政府监管机构,对铁路基础设施运能分配和收费情况进行监管,见表 1-7。从监管领域看,许多监管机构都同时负责监管交通运输领域其他行业。如英国铁路与公路办公室(ORR)同时监管铁路与公路行业;法国、意大利、瑞典的铁路监管机构同时负责管理公路、水运(海运)、民航;比利时的铁路监管机构也同时监管布鲁塞尔机场的运营。此外,少数监管机构还负责对电力、电信等其他网络性行业的监管，如西班牙国家市场与竞争委员会（CNMC）合并了能源、电信、邮政服务和机场关税的监管机构及竞争管理局，同时监督与竞争有关的宏观问题；德国联邦网络局（Bundesnetzagentur）同时负责石油、电信等行业的监管；荷兰消费与市场局（ACM）在监管铁路、邮政、电信、媒体、公路、民航行业之外，还是国家消费者保护法的综合执行部门。

表 1-7　欧洲主要国家的铁路监管机构与监管领域

国　家	监 管 机 构	监 管 领 域
奥地利	铁路管理委员会（Schienen-Control Kommission）	铁路
比利时	铁路交通与布鲁塞尔机场运营监管局（Dienst Regulering van het Spoorwegvervoer en vam de Exploitatie van de Luckthaven Brussel-Nationaal）	铁路、民航
克罗地亚	克罗地亚路网活动监管署（Hrvatska regulatorna agencija za mrežne djelatnosti）	电信、邮政、铁路
捷克	交通基础设施准入局（Úřad pro přístup k dopravní infrastruktuře）	铁路、民航、公路
丹麦	铁路监管局（Jernbanenaevnet）	铁路
爱沙尼亚	竞争管理局（Konkurentsiamet）	铁路、电信、电力、民航
芬兰	交通通信监管局（Liikenne -ja viestintävirasto Traficom）	铁路、公路、民航、通信、网络
法国	交通监管局（Autorité de régulation des transports）	铁路、公路、水运、民航

续上表

国　家	监管机构	监管领域
英国	铁路与公路办公室(Office for Rail and Road)	铁路、公路
德国	联邦网络局(Bundesnetzagentur)	铁路、电力、石油、电信、邮政
希腊	铁路监管局(Ρυθμιστική Αρχή Σιδηροδρόμωνs)	铁路
意大利	交通监管局(Autorita di Regolazione dei Trasporti)	铁路、民航、水运、公路
拉脱维亚	国家铁路局(Valsts dzelzceļa administrācija)	铁路
立陶宛	交通通信管理局(Ryšių reguliavimo tarnyba)	铁路、电信、邮政
挪威	国家铁路管理局(Statens jernbanetilsyn)	铁路
波兰	铁路交通办公室(Urzad Transportu Kolejowego)	铁路
葡萄牙	交通运输部(Autoridade da Mobilidade e dos Transportes)	铁路、公路、水运、民航
罗马尼亚	国家铁路监管委员会(Consiliul National de Supraveghere din Domeniul Feroviar)	铁路
斯洛伐克	交通局(Dopravnv úrad)	铁路、民航、水运
斯洛文尼亚	交通通信网络管理局(Agencija za komunikacijska omrežja)	铁路、电信、邮政

续上表

国　家	监 管 机 构	监 管 领 域
西班牙	国家市场与竞争委员会(Comisión Nacional de los Mercados y la Competencia)	铁路、电力、电信、媒体、邮政、民航、能源
瑞典	交通管理局(Transportstyrelsen)	铁路、公路、水运、民航
荷兰	消费与市场局(Autoriteit Consument & Markt)	铁路、邮政、电信、媒体、公路、民航

(二)授权方式

欧洲主要国家铁路的商业性运输服务均已采取竞争性招标或开放准入模式。但围绕铁路公益性运输,欧洲许多国家仍采取定向授权方式,与本国铁路运输企业签订铁路公益性运输合同并进行补贴,部分国家正在推动公益性运输服务向竞争性招标转型,具体情况见表1-8。

表1-8　欧洲部分国家铁路公益性运输授权程序现状

国　家	正 式 程 序	具 体 情 况
法国	定向授权向竞争性招标转型	2018年铁路改革后,法国部分大区已经启动竞争性招标。但除普罗旺斯-阿尔卑斯-蓝色海岸大区以外,铁路公益性运输尚未引入新的铁路运输企业
德国	竞争性招标	2011年德国联邦法院裁定,客运公益性运输合同只能在严格的限制下才能施行
意大利	定向授权向竞争性投标转型	部分地方公共行政主体采用竞争性招标(威尼托、伦巴第、利古里亚、皮埃蒙特等)

续上表

国　家	正式程序	具体情况
荷兰	定向授权向竞争性投标转型	地方铁路的公益性运输合同通过强制性公开招标程序授予
波兰	定向授权向竞争性投标转型	大部分地区公共行政主体开展竞争性招标，跨地区与跨境客运仍保留定向授权模式
西班牙	定向授权	尚无改革计划
瑞典	竞争性招标	法律允许直接谈判，但所有合同都要投标
英国	竞争性招标	英国已于2020年废除特许经营招标制度，国家与先前中标的特许经营运输企业之间暂时维持合同关系，正在探讨未来继续开展竞争性招标的方式
比利时	定向授权	尚无改革计划

（三）收费内容

欧洲多数国家采用了基础设施直接成本定价原则，同时部分国家的收费结构还考虑了准入费用、能力保障费等。欧洲部分国家铁路基础设施收费主要类别情况见表1-9。

表1-9　欧洲部分国家铁路基础设施收费主要类别情况

国家	费　用	单　位	费用所覆盖的成本
奥地利（截至2018年年末）	基础费用1	欧元/列车公里	直接成本与一部分固定成本
	基础费用2	欧元/吨公里	维修与更新成本
	激励与溢价	欧元/列车公里	—

续上表

国家	费　用	单　位	费用所覆盖的成本
芬兰（截至2021年年末）	基础费用	欧元/吨公里	边际成本
法国（截至2021年年末）	线路使用费	欧元/列车公里；欧元/吨公里	运营、维护和更新的可变成本
	准入费用	欧元/年	运营、维护和更新的固定成本
	电力牵引收费	欧元/列车公里	电力牵引设备维修养护和更新改造成本
德国（截至2021年年末）	最低准入费	欧元/列车公里	基础设施管理成本
意大利（截至2021年年末）	准入费用 A	欧元/列车公里	直接成本
	准入费用 B	欧元/列车公里	直接成本以外的其他成本，如资本折旧等
	准入费用 C	欧元/列车公里	基于外部成本
荷兰（截至2019年年末）	可变使用费	欧元/列车公里（客运）；欧元/吨公里（货运）	列车运营直接成本，可通过计算总维护成本中磨耗成本的百分比测算
	电气化设备使用费	欧元/（kW·h）	电力传输成本及与运量有关的电线维护和更新成本

续上表

国家	费　　用	单　　位	费用所覆盖的成本
挪威（截至2019年年末）	反映直接成本的费用	挪威克朗/吨公里	列车运行发生边际维护费用的平均估计值
	能力保障费	挪威克朗/使用通道次数	高峰时期通行奥斯陆隧道的能力保障费
波兰（截至2020年年末）	运营费用	波兰兹罗提/列车公里	直接成本，如维修和更新成本、铁路交通管理成本、折旧（由交通造成的基础设施实际磨耗确定）
西班牙（截至2022年年末）	运能分配费	欧元/列车公里	运能分配成本、交通管理成本、交通安全成本，以及安全和交通管控设备的更新成本
	线路使用费	欧元/列车公里	铁路基础设施的维修维护成本
	牵引电力转换与分配设施使用费	欧元/列车公里	电力设备的维修维护和更新成本
瑞典（截至2020年年末）	轨道使用费	瑞典克朗/总换算吨公里	轨道的维护、运营和再投资成本
	列车线路费	瑞典克朗/列车公里	接触网等设施的维护、运营和再投资成本
	通道费	瑞典克朗/通道	保障部分城市通勤时间通过能力的加价
英国（截至2022年年末）	可变线路使用费	英镑/千吨英里（货运）；英镑/列车英里（客运）	运量变化导致轨道、信号等基础设施发生磨耗带来的维修养护和更新成本

续上表

国家	费　　用	单　　位	费用所覆盖的成本
英国（截至2022年年末）	牵引电费	英镑/(kW·h)	牵引能耗成本
	电气化设施使用费	英镑/千吨英里(货运)；英镑/列车英里(客运)	运量变化产生的电气化设施维修养护和更新成本

第四节　铁路公益性运输服务

一、政策要求

根据欧洲铁路惯例，只有铁路客运中的通勤客运、地区短途客运有可能被纳入铁路公益性运输范围，铁路货运及其他类别的铁路客运一般被视为商业性运输。

（一）关于铁路公益性服务合同的要求

经修订后的欧盟 2007/1370/EC 号法规第 4 条对于铁路公益性运输合同的内容进行如下规定：①清晰界定公益性运输的具体责任及有关的地理范围。②事先以公开的方式制定公益性运输补贴的各项系数和专属权利的性质、范围。③明确运费是分配给铁路运输企业还是上交给各级政府。④确定公益性服务的运价、服务频率、服务质量等要求，明确合同期限。⑤制定有关员工调动的规则。

此外，2007/1370/EC 号法规第 4 条第 3 款规定，铁路及其他轨道交通的公益性服务合同时限一般不得超过 15 年；第 4 款规定，协议可在特定情况下最多延长 50%的时间。2016 年修订后的法规进一步规定，直接授权的公益性服务合同时限一般不得超过 10 年。

（二）关于铁路公益性补贴的要求

2007/1370/EC 号法规第 1 条规定，行政主体必须向承担公益性服务的主体进行补贴，补贴方式分为直接补贴、授予专属经营权两种。第 4 条规定，采取直接补贴方式，应事先确定公开透明的基础参数；授权专属经营权，应事先明确经营权的性质与范围。

另外，针对直接授权的公益性服务合同，2007/1370/EC 号法规附件部分规定，补贴额度不能超过公益性服务带来的“净财务效益”（net financial effect），净财务效益＝履行公益性服务的成本－履行公益性服务合同导致铁路网出现的积极财务影响－客票及相关收入＋合理利润。其中，合理利润是指由成员国确定的铁路部门资本回报率，同时考虑公益性服务经营者因行政主体的干预而承担的风险。

二、落实情况

（一）铁路公益性服务合同机制发展现状

欧洲主要国家已全面建立铁路公益性服务机制，中央或地方政府根据实际情况授权铁路企业开展铁路客运公益性服务，并对合同授权进行定期更新。2018 年，16 个欧盟成员国批准了 106 份铁路公益性服务合同，其中意大利 28 份、德国 25 份、希腊 25 份、波兰 12 份、法国 3 份、立陶宛 2 份、匈牙利 2 份，另外还有 9 个国家（丹麦、克罗地亚、斯洛文尼亚、拉脱维亚、瑞典、爱沙尼亚、奥地利、捷克、西班牙）各批准了 1 份合同。其中，丹麦 1 份、德国 18 份合同是通过市场化招标程序完成，其余均为直接授权。

（二）关于铁路公益性服务成本和合理利润的测算

1. 服务成本

服务成本一般包括下列费用：①直接人员费；②能源费（包括使用燃油、电力费用）；③路网准入费；④机车车辆购置租赁与维修养护费；⑤调车、热车、清洁费；⑥客运设备安装费；⑦客票销售与营销费等。同时，部分国家还会将公益性服务运营商的历史债务及利息计入公益性服务成本。

2. 合理利润

部分欧洲国家允许总资产回报率在2%～8%的合理利润，如波兰为2%、保加利亚与西班牙为3%、立陶宛为5%、丹麦为6%、意大利为8%等。同时，也有部分国家不允许保留合理利润，如法国、克罗地亚等。

三、铁路客运公益性运输服务占比

2021年，欧洲主要国家铁路客运市场中，公益性运输占比67%，商业性运输占比33%。其中，法国、西班牙、德国3国的铁路公益性比例最低，分别为38%、45%、56%，如图1-1所示。

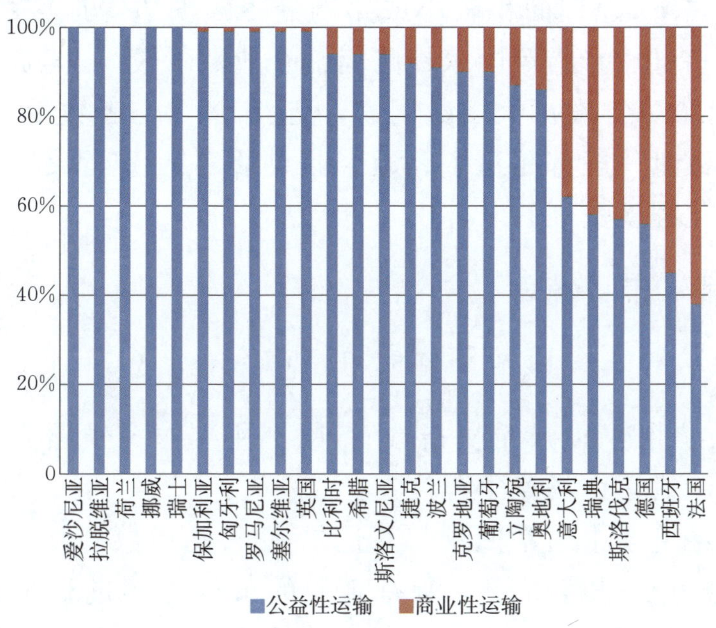

图1-1　2021年欧洲主要国家铁路客运公益性运输与商业性运输比例（基于旅客周转量计算）

第五节　运输市场情况

一、铁路运输企业数量

欧盟要求各成员国于2006年起开放铁路货运市场，并要求于2010年和2018年起陆续开放跨境铁路客运市场、本国铁路客运市场。英国、法国、德国、西班牙等国也相继启动不同铁路运输市场的竞争。截至2023年年末，即便是启动时间最晚的法国、西班牙两国，国内客运市场也已有新进入者参与市场竞争。

2021年欧洲主要国家铁路运输企业数量如图1-2所示，德国、捷克、波兰是铁路运输企业数量最多的国家，其中客运企业分别达到了132家、29家、12家，货运企业分别达到了247家、97家、96家。相比之下，地理面积较小或路网处于欧洲边缘地区的芬兰、爱沙尼亚、卢森堡、希腊等国家铁路运输企业数量较少，客货运输企业均未超过10家。欧洲大多数国家，无论市场参与者数量寡众，铁路货运企业数量一般都超过了客运企业数量，在一定程度上表明铁路货运市场化程度更高。

二、运输市场竞争

(一)欧洲主要国家整体竞争情况

1. 从赫芬达尔-赫希曼指数看，欧洲主要国家铁路客运市场竞争程度低于货运市场竞争程度。

产业经济学中通常使用赫芬达尔-赫希曼指数测度市场开放程度，其计算方法是将市场上所有企业的市场份额进行平方之后累加，如果市场上只有1家企业，那么其赫芬达尔-赫希曼指数就是1，亦即单一企业垄断市场。因此，赫芬达尔-赫希曼指数在0～0.25之间表示高度竞争市场，在0.25～0.5之间表示市场竞争程度适

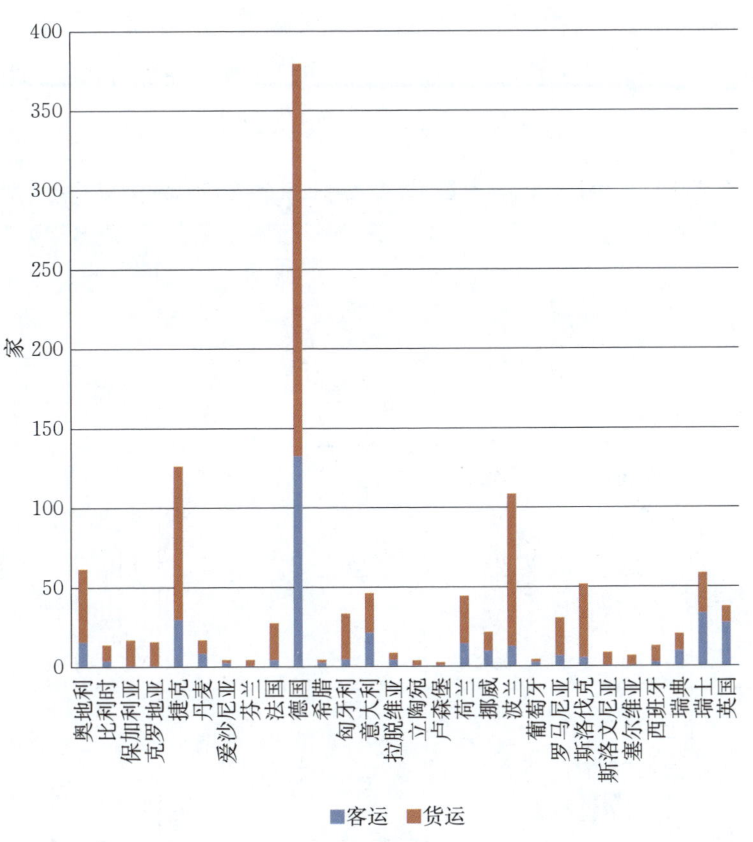

图 1-2 2021 年欧洲主要国家铁路运输企业数量

中，在 0.5～0.75 之间表示市场集中程度较高，在 0.75～1 之间表示市场集中度极高。截至 2019 年年末，欧洲主要国家铁路客运市场的赫芬达尔-赫希曼指数主要分布在 0.5～1 区间，表示该市场竞争程度很低；货运市场指数主要分布在 0.25～0.5 区间，表示该市场竞争程度适中。欧洲主要国家铁路市场化竞争情况见表 1-10。

2. 从不同类别企业所占市场份额看，欧洲主要国家传统国有企业依然占据一定优势，特别是客运市场优势更加明显。

(1)客运市场方面：2021 年，欧盟统计范围内国家和地区铁路客运的传统国有企业、外国企业、私营企业的平均市场份额分别为

78%、8%、14%。截至2021年年末，欧洲主要国家传统国有企业在铁路客运市场仍具有较强竞争力，除英国和希腊两国以外，铁路传统国有企业市场份额都至少高于50%，如图1-3所示。

表1-10　2019年年末欧洲主要国家铁路市场化竞争情况

赫芬达尔-赫希曼指数	客　　运		货　　运
	公益性运输	商业性运输	
0～0.25	匈牙利、瑞典、英国	英国	德国、匈牙利
0.25～0.5	德国、波兰	捷克	奥地利、捷克、克罗地亚、法国、意大利、荷兰、挪威、波兰、罗马尼亚、西班牙、瑞典、瑞士、英国
0.5～0.75	丹麦、意大利、荷兰、挪威、葡萄牙、罗马尼亚、瑞士	奥地利、比利时、意大利、挪威	比利时、拉脱维亚、斯洛文尼亚
0.75～1	奥地利、捷克、拉脱维亚	法国、德国、匈牙利、拉脱维亚、波兰、葡萄牙、瑞典、瑞士	芬兰、葡萄牙
1	比利时、克罗地亚、芬兰、法国、立陶宛、卢森堡、斯洛文尼亚、西班牙	丹麦、克罗地亚、芬兰、立陶宛、卢森堡、罗马尼亚、斯洛伐克、西班牙	立陶宛、卢森堡

(2)货运市场方面：2021年，欧盟统计范围内国家和地区铁路货运的传统国有企业、外国企业、私营企业的平均市场份额为49%、15%、36%。截至2021年年末，欧洲主要国家传统国有企业

在铁路货运市场虽然仍具有一定影响力，但其他类型企业的竞争力也逐渐增强，意大利、罗马尼亚、英国等 8 国传统国有企业市场份额低于 40%，其中葡萄牙、荷兰等 5 国传统国有企业市场份额为 0，如图 1-4 所示。

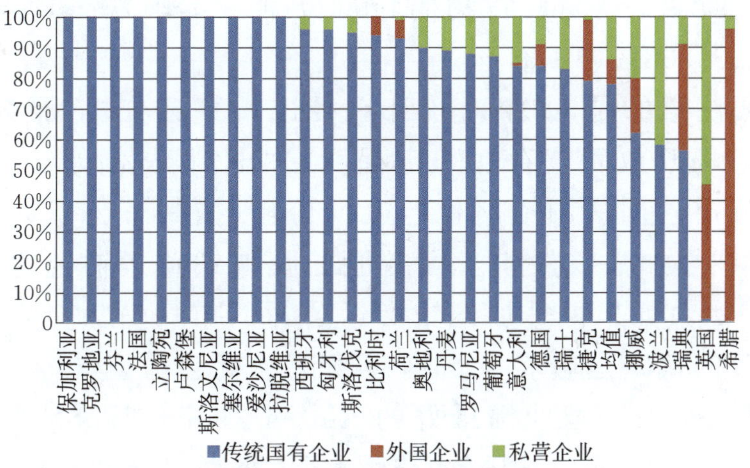

图 1-3　2021 年欧洲主要国家铁路客运企业市场份额
（基于旅客周转量计算）

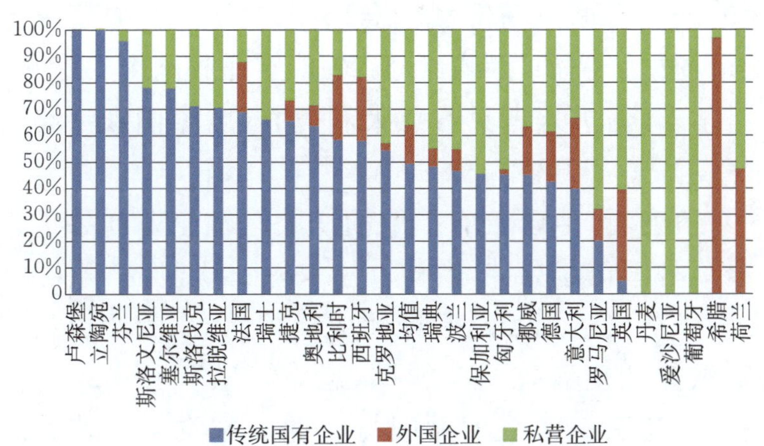

图 1-4　2021 年欧洲主要国家铁路货运企业市场份额
（基于货物周转量计算）

(二)欧洲典型国家竞争情况

截至2022年，法铁股份公司、德铁股份公司、西班牙国铁运营公司完成旅客周转量分别占本国铁路客运市场的99.61%、89.52%、97.97%，完成货物周转量分别占本国铁路货运市场的69.56%、65.68%、52.04%。

需要注意的是，如果对统计口径进行穿透分析，那么现行铁路货运市场开放程度存在一定程度的“虚高”。例如2022年，法铁货运公司占据法国铁路货运市场份额（按列车公里数计算）约47%；但在叠加法铁股份公司控股的其他铁路运输企业后，该比例升至72%；如果再叠加德铁货运公司的市场份额，那么由欧洲国家控股的铁路运输企业占据市场份额就会增至86%。相比之下，私营企业中经营业绩最好的Lineas公司市场份额仅占3%。同样在2022年，西班牙国铁货运公司占据西班牙铁路货运市场份额（按货物周转量计算）约53%，但在叠加法铁、德铁股份公司控股的Captrain公司、Transfesa公司市场份额后，那么由欧洲国家控股的铁路运输企业占据市场份额就会增至77%。类似情况也发生在铁路客运市场中。例如，西班牙于2018年开放国内客运市场，但截至2022年年末，新进入者只有意大利、法国两家国家铁路公司的控股企业。

从国家角度看，他国政府控股的铁路运输企业如果进入本国市场，势必会给本国市场带来竞争。但考虑到欧盟的“超国家”形态，欧盟法规可以直接适用于欧盟全体成员国，无需欧盟成员国再次立法，那么从法律角度看，法铁、德铁、意铁等欧盟各国政府控股企业本质上是同一套法律体系下的国有企业。这类企业彼此之间到底是竞争关系还是垄断关系，仍需要结合实际情况仔细判断，仅凭赫芬达尔-赫希曼指数判断铁路货运市场竞争程度适中，该结论仍然有待商榷。

第二章　英国铁路运营管理模式研究

1994年4月1日，按照英国1993年“铁路法”要求，英国政府决定同时实施网运分离和铁路运输市场开放等政策。与其他国家相比，英国是最早落实91/440/EEC号指令的国家之一。英国在铁路发展和改革方面起步较早，经历了铁路全面国有化到全面私有化、再到部分国有化的全过程，积累了丰富的经验，能为其他国家发展和改革提供借鉴。本章着重介绍20世纪90年代以后英国铁路发展历程及现状。

第一节　发展历程

一、发展和改革背景

1. 铁路运输市场份额持续降低，货运市场份额严重下降。

1953年之后，英国铁路运输在综合交通运输中所占比例逐渐降低，如图2-1～图2-3所示。

客运方面，1953—1993年，英国铁路旅客周转量维持在300亿～400亿人公里量级，但铁路客运市场份额连年下降，从17.4%下降至5.28%。同一时期，公路客运市场优势进一步扩大，旅客周转量市场份额从82.5%增至94.0%。

货运方面，1953—1993年，铁路货物周转量从370亿吨公里下降至138亿吨公里，年均下降5.8亿吨公里。铁路货运市场份额连年下降，从41.57%大幅下降至6.72%。同一时期，公路货运从20世纪60年代开始反超铁路货运，成为英国货运最主要的运输方式，货物周转量市场份额从35.9%增至62.6%。

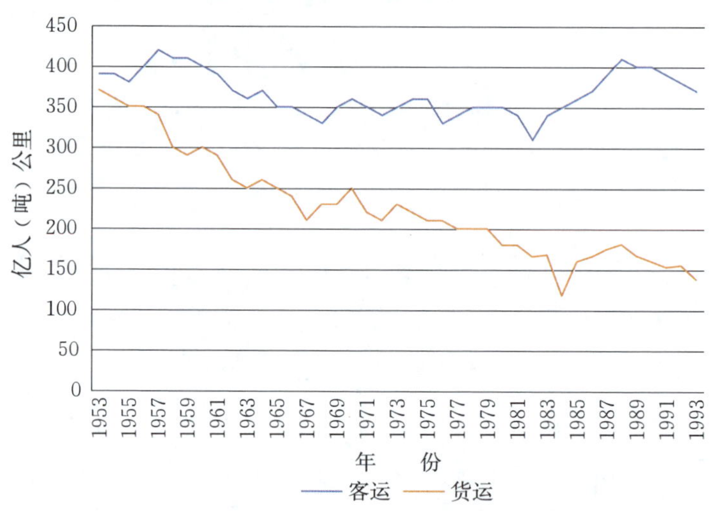

图2-1　1953—1993年英国铁路旅客周转量与货物周转量变动情况

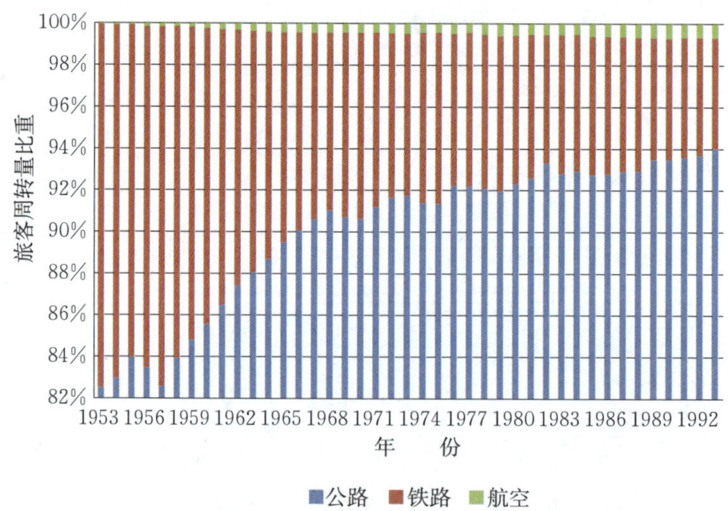

图2-2　1953—1993年英国公路、铁路、航空运输旅客周转量市场份额

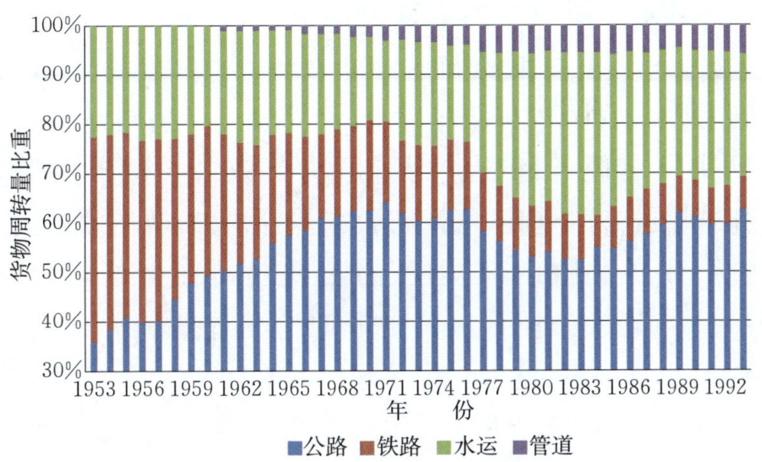

图 2-3 1953—1993 年英国公路、铁路、水运、管道运输货物周转量市场份额

2. 20 世纪 70 年代以前，英国政府和英铁公司实行多项经营策略调整，但英铁公司不仅未能盈利，反而持续亏损。

按照英国 1947 年“交通法”规定，英国政府于 1948 年将全国最大的 4 家私营铁路公司进行国有化收购，成立英铁公司（British Railways，后于 1965 年更名为 British Rail），形成网运合一的国家铁路公司。英铁公司的最高决策机构是英铁委员会（British Railway Board），人事任免由英国政府决定。

由于英国政府没有足够资金收购 4 家私营铁路公司，于是通过“股转债”方式开展国有化收购工作，即：将 4 家私营铁路公司的股份全部转换为政府债务，由英铁公司按照 4.3%的固定利率向原股东支付每年约 4 000 万英镑的利息。由于初始负担沉重，英铁公司在 20 世纪 50 年代初期年均亏损即超过 2 200 万英镑。为了增强英铁公司盈利能力，英国政府和英铁公司从 20 世纪五六十年代实行多次投资计划和改革计划，主要包括：

(1)铁路基础设施现代化投资。1955 年开始，英铁公司制定了为期 15 年、年均 8 300 万英镑的投资计划，旨在通过购置新型内燃机车和电力机车、改善客货运输条件等方式，提升英铁公司盈利能力。但由于相关投资完全由英铁公司负担,计划仅执行三年就导致英铁公司在 1958 年亏损超过 9 000 万英镑,为避免亏损情况进一步恶化,该投资计划于 1959 年终止。

(2)解决历史债务问题。为了解决英铁公司债务问题,英国颁布 1962 年"交通法",规定将英铁公司向原股东支付固定利息的股权转为国债,由英国财政部偿还;将英铁公司拖欠英国政府的债务予以免除,并将英铁公司拖欠其他非政府主体的债务交由英国财政部偿还。

(3)亏损线路关停计划。1963 年,英国政府新设英铁委员会,负责经营管理英铁公司。时任英铁委员会主席理查德·比钦(Richard Beeching)在当年即发表了《重塑英国铁路》(*Reshaping British Railway*)报告,计划通过关停亏损线路提升英铁公司的盈利能力。1963—1966 年,英铁公司累计关停约 4 400 km 线路,相当于 1961 年英国铁路网营业里程的约 15%,每年为英铁公司节约了 3 000 万英镑的各项支出。但同时,由于亏损线路大多是铁路支线,承担着为铁路干线引流的重要职责,亏损线路的大面积废弃也导致英国铁路客货运输能力下降,其中英国铁路旅客周转量从 1960 年的 390 亿人公里降至 1968 年的 330 亿人公里,降幅超过 15%,直接导致其收入大幅下降。从综合数据判断,1963—1973 年,英铁公司年均亏损额仍然超过 7 000 万英镑,经营业绩持续恶化。

(4)建立公益性铁路补贴机制。为了缓解英铁公司承担铁路公益性运输造成的亏损,英国 1968 年"交通法"第 39 条规定,当英国政府认为某项铁路运输服务难以通过正常经营实现盈利,但因社会或经济因素必须维持,将提供一定额度的中央财政补贴资金予以支持。经测算,1969 年英国政府向英铁公司提供了财政补贴资金 7 600万英镑,帮助英铁公司实现盈利 2 000 万英镑。但由于英国铁路客货运输量不断下降,高额的财政补贴难以扭转英铁公司持续亏损的趋势。1973 年,在获得 9 400 万英镑财政补贴的情况下,英铁公司依然亏损 5 000 万英镑。进入 20 世纪 80 年代以后,财政补贴更是超过 10 亿英镑,给英国政府带来很大负担。

3. 20 世纪 80 年代至 90 年代初,英铁公司通过内部改革实现阶段性成效,但很快出现反复。

1979 年保守党撒切尔夫人政府上台后,为振兴英国经济进行大面积的私有化改革,受其政策影响,英铁公司先后进行了主辅业分离和事业部制改革。

(1)主辅业分离改革。1980 年,英铁公司成立了全资子公司——英国铁路投资有限公司(BRIL),将英铁公司下属的酒店业、航运业、广告业、物业管理业等辅业企业全部划转其旗下,并允许其通过市场化方式出售辅业企业股权。1987—1988 年,英铁公司将其全资子公司的英铁工程有限公司下设的数家工厂出售给私营资本。至 1989 年,英铁公司辅业职工总数比 1978 年减少了 88.9%。

(2)事业部制改革。1982 年开始,英铁公司进一步细分运输主业构成,在内部重新设立了货运事业部、包裹事业部、城际列车(Inter-City)事业部、伦敦和东南列车事业部(1986 年后改称东南路网事业部)、地方列车(Provincial)事业部,分别负责城市间客运、大伦敦地区内部客运、地方列车的运营工作。英铁委员会委派委员分管各个事业部,并向事业部下达考核目标,督促事业部实现降本增效。

两项改革使得英铁公司的财务绩效明显改善。至 1988-89 财年,五个事业部的净利润比 1982 年增长了 63%,其中城际列车、伦敦和东南列车、地方列车三个事业部分别增长了 121%、67%、29%。英国政府拨付的铁路运营补贴也从 1985-86 财年的23.51 亿英镑下降至 1989-90 财年的 11.5 亿英镑。但由于英铁公司的运营模式并未发生根本性变化,1992-93 财年英国政府的补贴额度重新增至 22.4 亿英镑,如图 2-4 所示。

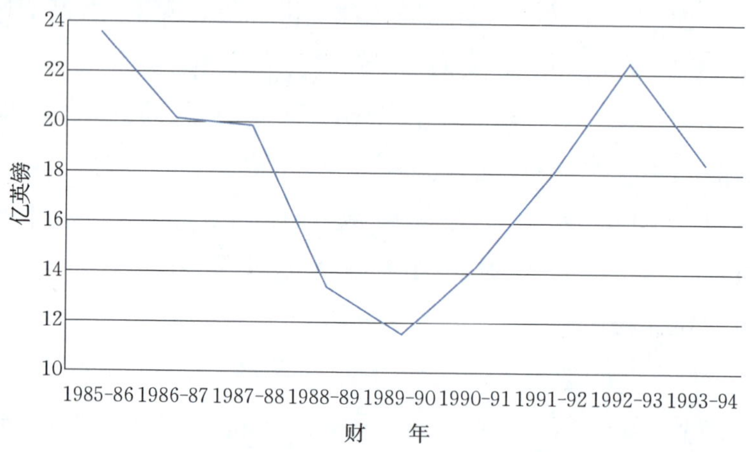

图 2-4　1985-86 财年至 1993-94 财年英国政府铁路运营补贴的变化情况

由于英铁公司事业部制改革取得一定成效，英国政府认为铁路基础设施、客货运输、机车车辆租赁等业务可以实现分拆经营。1991 年 91/440/EEC 号指令颁布后，英国政府在当时认为铁路私有化和网运分离是提高铁路效率效益的最佳途径。因此，英国 1993 年“铁路法”决定拆解英铁公司，并实行全面私有化改革：一是允许满足一定条件的私营企业进入英国铁路网开展经营活动并租用铁路机车车辆；二是允许将铁路基础设施管理企业、铁路运输企业出售给私营企业；三是将铁路客运业务以特许经营方式授权给私营铁路运输企业，并由英国政府主导特许经营协议的谈判、授权和监督等全过程。

二、网运分离改革：1993 年改革及后续发展

（一）1993 年改革：拆解英铁公司和全面私有化

按照英国 1993 年“铁路法”规定，从 1994 年 4 月开始，原英铁公司被拆解为 100 多家私营企业，具体情况如下。

1. 路轨公司（Railtrack）。路轨公司承担着英国铁路基础设施管理职能，负责英国铁路基础设施的投资建设、更新改造和维修养

护，并制定英国铁路列车时刻表。私有化改革初期，路轨公司拥有1.6万km铁路线路、1 000多个货运站、1 500多个信号柜、2 500多座车站、40 000多座桥梁等资产。1996年5月，英国路轨公司在伦敦证券交易所上市，英国政府通过出售全部股权获得1.9亿英镑的收入。

2. 客运铁路运输企业。英国政府根据英铁公司旅客运输业务分布情况，先是在英铁公司旗下组建了25家客运分公司，再将全部分公司股权出售给私营企业，完成私有化改革。

3. 货运铁路运输企业。英国政府将英铁公司的货运事业部、包裹事业部改组为6家货运公司。其中，3家公司负责铁路国内货运业务，2家公司负责铁路国际货运业务，1家公司经营铁路包裹快运业务。英国政府明确每家铁路货运公司均可以在英国全境开展经营，以此推动市场竞争，但1995—1997年，私营企业南北铁路公司(North & South Railways)收购了上述6家货运公司中的5家，并将其重新组合为英威苏铁路公司(EWS Railways)。又经过多次重组，该公司于2007年被德国铁路公司(DB AG)收购，并于2016年改组为德铁货运英国公司(DB Cargo UK)。

4. 其他专业公司。专业公司包括7家铁路基础设施维护公司、6家铁道更新改造公司、3家铁路机车车辆租赁公司、6家机车车辆维修公司等，全部进行私有化改革，并按照市场化方式为铁路基础设施管理企业和铁路运输企业提供相关服务。

(二)1993年改革带来的问题

1. 政府投资大幅减少，私营资本选取投资方向存在短视性。

1993年改革后，英国政府尝试通过以私营资本为主进行铁路投资，因而减少了对铁路的直接投资(包括对铁路基础设施的公共投资、对铁路运输企业的财政补贴)，拉动私营资本大量投资，如图2-5所示。以私有化改革基本完成的1997年为界，前5年(1992—

1996年)政府投资累计150亿英镑,私营资本投资累计14亿英镑,比例为10.7∶1;后4年(1997—2000年)政府投资累计70亿英镑,私营资本投资100亿英镑,比例为7∶10。但是,私营资本投资关注短期利润和投资回报,热衷于投资机车车辆改造与市场营销等方面,对于投资回收周期长、沉淀性突出的铁路基础设施更新改造和维修养护工作投资资金较少,这使得英国铁路网的老化失修问题逐渐呈现。

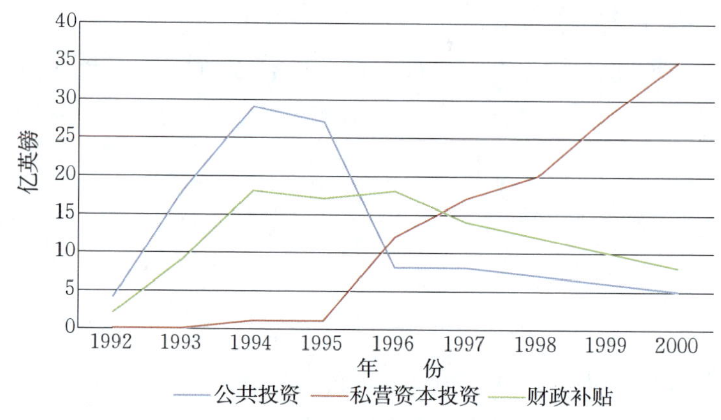

图 2-5　1992—2000 年英国铁路公共投资、私营资本投资、财政补贴额度变化情况

2. 铁路基础设施新建投资和更新改造缺少资金保障,铁路网老化失修,事故频发。

按照1993年"铁路法"要求,英国铁路基础设施管理企业——路轨公司,是自负盈亏的私营企业。其收入来源主要是铁路运输企业缴纳的轨道与车站的使用费、仓库的租赁费(包括厂房和机器租赁),其中客运铁路运输企业缴纳的线路使用费占其总收入的90%以上。其支出方向主要是向7家铁路基础设施维护公司、6家铁道更新改造公司及其他公司购买铁路基础设施维修养护服务。1995-96财年,英国路轨公司总收入23亿英镑,总支出20亿英镑,息税前利润低于13%,这意味着依靠线路使用费作为收入来源只能维持微利，无法涵盖铁路投资新建、更新改造等业务资金。叠加英国政府当时大量减少对铁路基础设施的投资和补贴，英国路轨公司的经营状况每况愈下，2001 年初，路轨公司累计负债已经达到 33 亿英镑，税前亏损达到 547 亿英镑，同年 10 月份宣布破产，由政府暂时接管，其股票交易也被停牌。

由于路轨公司缺乏足额资金开展铁路网更新改造工作，英国铁路私有化以后，铁路安全水平明显下降。以私有化改革基本完成的 1996 年为界，前五年（1991—1995 年）累计出现旅客死亡事故 92 起、列车车辆事故 5 225 起；后五年（1996—2000 年）累计出现旅客死亡事故 113 起、列车车辆事故 9 185 起，相对分别增长了 22.8%、75.8%。

1996—2000 年，有 3 起旅客死亡事故引发了大规模舆情：一是 1997 年绍索尔（Southall）列车碰撞事故，造成 7 人死亡；二是 1999 年帕丁顿（Paddington）列车碰撞事故，造成 30 人死亡；三是 2000 年哈特菲尔德（Hatfield）列车脱轨事故，造成 4 人死亡。其中，2000 年哈特菲尔德列车脱轨事故的影响最大。相关调查显示，事故原因是脱轨路段的线路严重老化疲劳，在铁路列车高速通过时轨道断裂，引致列车脱轨。事故后，英国政府对全国铁路基础设施情况进行抽查，发现各地铁路轨道普遍存在老化的安全隐患。哈特菲尔德列车脱轨事故发生后，路轨公司被迫将线路老化疲劳地区的最高行车时速限制在 32 km，引起公众关注，并直接推动了英国铁路基础设施管理企业的再国有化。

3. 铁路企业数量较多，协调复杂度高，交易成本增加。

私有化改革后，原本统一的英国铁路产业体系被拆分为 100 多家企业，合同管理成本与谈判成本大增。2004 年中国铁路代表团访英考察报告显示，英国各铁路公司间的合同种类超过 200 个，总数超过 100 万个，包括但不限于路轨公司、铁路运输企业、机车车辆租赁公司、机车车辆维修公司的准入协议、车辆租赁合同和维修养护合同等。

(三)2002 年改革:铁路基础设施管理企业"再国有化"调整

2002 年 3 月 22 日,英国政府宣布成立英国铁路网公司(Network Rail),并于 3 月 25 日宣布接管路轨公司持有的全部铁路路网资产。英国政府向英国铁路网公司补贴 3 亿英镑,支持其购买路轨公司全部股份,同时充分总结经验教训,重新定位英国铁路网公司作用和职能。性质上,将公司设定为国有不分红公司,不以利润最大化为第一目标;业务上,公司完整拥有铁路基础设施的维修养护、投资升级职能,不再外包给第三方公司,同时负责制定路网行车计划与铁路列车运行图;经营上,以商业化的经营手段管理新路网公司,并将全部利润用于铁路基础设施维修养护与投资更新。

三、铁路运输市场开放:特许经营模式的建立与存在问题

(一)1993 年改革:特许经营模式的建立

1993 年"铁路法"颁布后,英国针对客运铁路运输企业建立特许经营模式。铁路运输企业根据政府公开发布的招标要求进行某条线路或某片地区的铁路客运特许经营权投标,经过公开竞标环节,政府选择服务承诺最好、成本最低的铁路运输企业开展实际经营。招标要求一般包括列车服务频率、车站更新改造、列车服务质量、旅客满意度、运价等。

特许经营模式通过 1993 年"铁路法"建立。英国政府按照线路或地区划分了 25 个铁路客运特许经营区,通过公开招标形式,于 1995 年 12 月 18 日到 1997 年 2 月 25 日招募了 25 家铁路运输企业,特许经营期限为 7～15 年。

1993 年改革初期,英国政府将客运特许经营期定为 7～15 年,旨在通过较短的特许经营期使获得特许经营权的客运铁路运输企

业(以下简称特许经营客运公司)"将目光放在眼前",以短期利润为驱动,促使其提供更好的服务。但在实践中发现,特许经营期过短导致特许经营客运公司不愿开展有利长远的投资,如车站站台更新改造、停车场扩建等。为解决这一问题,英国政府将特许经营期延长至 20 年及以上。

(二)特许经营模式的主要问题

1. 特许经营客运公司关联主体太多,特许经营权的申请流程过于烦琐,导致"新玩家"不愿加入。

特许经营客运公司开展运营,一是需要向英国交通部(DfT)申请特许经营权;二是需要向英国铁路与公路办公室(ORR)申请运营牌照与安全证书;三是向英国铁路网公司(NR)申请路网准入并上报管内列车开行计划;四是强制性加入英国铁路运输集团(RDG)并委托其开展跨线运输收入结算。申请周期至少 28 个月,谈判签订上千页的特许经营合同,难以吸引新的铁路公司参与投标。2012 年以来,英国三分之二的特许经营合同是等额竞标。

"新玩家"不愿加入,"小玩家"退出竞标。由于铁路运营管理体系较为复杂,规模较小或新进入的铁路企业难以适应,在市场竞争中处于弱势。反之,大型传统铁路企业能够利用其规模经济优势降低内外部交易成本,在市场竞争中保持领先。总体看来,公平、充分竞争的局面并未形成。到 2019-20 财年,政府与 4 家大型商业集团控股的特许经营客运公司占据英国铁路客运市场周转量的 97.89%,特许经营模式未能达到提升行业竞争程度的目的。2020 年英国铁路 19 家特许经营客运公司控股资本一览如图 2-6 所示。

英国开展私有化改革的目的是增强市场竞争性,但经历 30 年的私有化改革,英国铁路运输市场的竞争性反而降低,英国铁路运输市场进一步走向集中的趋势非常明显。2020 年新冠疫情暴发后，英国暂停所有特许经营协议，并研究出台新制度以降低复杂市场制度带来的交易成本。

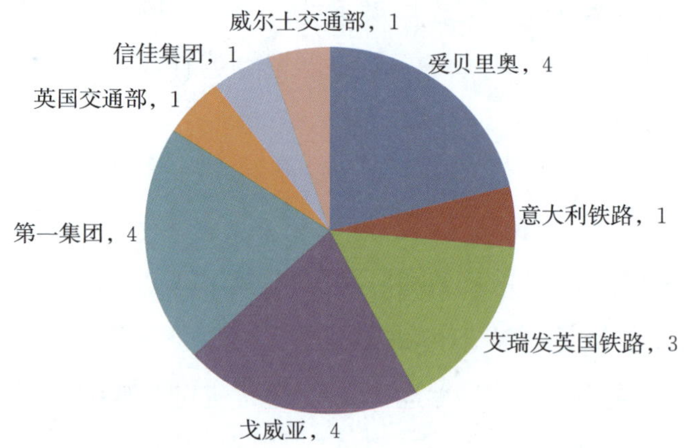

图 2-6　2020 年英国铁路 19 家特许经营客运公司控股资本一览（单位：家）

2. 特许经营费较高，部分公司提前放弃特许经营权。

2017 年底，城际东海岸线（Inter-City East Coast）的特许经营客运公司——维珍东海岸公司（VTEC），因需要多交 20 亿英镑的特许经营费用而宣布放弃特许经营权。英国交通部被迫迅速接管该线路，并交给国有铁路企业伦敦东北铁路公司（LNER）开展运营。该线路在 2009 年首次出现放弃特许经营权的现象，之后由英国交通部设立的公司运营至 2015 年；新的特许经营客运公司维珍东海岸公司于 2015 年获得特许经营权，又在 2017 年放弃，凸显英国铁路特许经营的烦琐流程和高额费用已经影响到特许经营客运公司的生存。

（三）新冠疫情期间特许经营模式的中止

2020 年新冠疫情暴发后，英国政府迅速制定了封控措施，导致英国铁路旅客运输总收入从 2019 年第四季度的 27 亿英镑下降至 2020 年第一季度的 22 亿英镑，降幅 18%。为了解决难题，英国政府首先于 2020 年 3 月颁布《紧急措施协议》(EMA),允许所有特许经营客运公司将收入与成本均转移给政府,避免铁路运输企业因入不敷出而破产。并于 2020 年 9 月颁布《紧急恢复措施协议》(ERMA),决定中止全部特许经营合同,并由政府与所有特许经营客运公司重新签订国家铁路合同(national rail contract),合同有效期在 2～4 年。

在国家铁路合同模式下,铁路运输收入全部由政府取得,政府向特许经营客运公司下达绩效指标,并按实际情况拨付委托服务费。例如,英国西南铁路(SWR)、跨奔宁山快线(TPE)两条铁路线的特许经营客运公司——英国第一集团(FirstGroup),于 2021 年与英国政府签订了两条铁路线的国家铁路合同,每年由政府向其支付 560 万英镑的固定委托服务费,并根据绩效指标完成情况拨付最高 1 510 万英镑的额外委托服务费。

(四)2021 年改革设想:客运服务合同模式

2021 年 5 月,英国交通部向国会提交《大英铁路公司:威廉姆斯—沙普斯铁路规划》,主要内容包括:①铁路私有化以来的发展情况;②英国交通部对于铁路的发展要求;③铁路行业整合设想;④特许经营的替代方案设想;⑤旅客应当获得的服务;⑥如何释放私营铁路运输企业的潜能;⑦加速铁路技术创新与现代化;⑧加强铁路人力资源管理。该规划中,关于铁路行业改革的主要设想如下:

1. 简化铁路产业结构,打造统一的铁路行业主体。

新建大英铁路公司(GBR),作为英国铁路行业运营主体,整合以下职能:①英国铁路网公司的全部职能;②铁路运输集团的全部职能;③特许经营客运公司的车站管理职能;④英国交通部的客运公司招标与授权等职能。该公司具体负责:①政府铁路规划的落地;②制定铁路基础设施投资更新的 30 年战略与 5 年商业规划;③管理铁路预算;④负责安全高效的运营;⑤基础设施授权与管理职能;⑥列车时刻表的制定;⑦车站商业开发;⑧铁路运价的确定与行业资金清算。英国铁路改革计划成立机构及预计职能归并情况如图 2-7 所示。

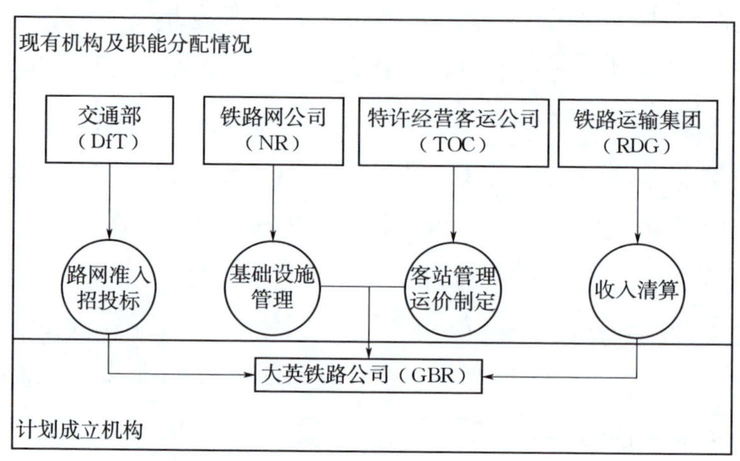

图 2-7　英国铁路改革计划成立机构及预计职能归并情况

2. 废止国家铁路合同,建立客运服务合同模式。

国家铁路合同模式是新冠疫情背景下的过渡政策,在此政策下,铁路运输企业并不需要承担铁路收入和成本风险,不利于发挥企业的主观能动性。《大英铁路公司:威廉姆斯—沙普斯铁路规划》提出了崭新的客运服务合同(passenger service contract)模式规划:大英铁路公司通过竞争性招标,与未来新中标的铁路运输企业签署客运服务合同。铁路运输企业按合同规定提供符合标准的客运服务,获得客票收入,并缴纳基础设施使用费。如铁路运输企业无法按合同要求提供铁路运输服务,政府可在必要时进行接管。

在客运服务合同规范全面出台前,英国各铁路线的客运服务协议仍然以国家铁路合同方式进行,但该类合同均可在日后更新为客运服务合同。

3. 铁路客票定价权收归国有,简化运价构成。

大英铁路公司替代特许经营客运公司掌握铁路客票定价权,并将发挥其行业运营主体作用,简化复杂的客票定价体系,帮助旅客获得简明的运价体系。

四、改革后铁路行业发展情况

(一)国家铁路网发展

英国自 20 世纪 90 年代铁路改革以来,国家铁路运营总里程呈缓慢下降态势,从 1994-95 财年的16 542 km下降至 2019-20 财年的 15 904 km。其中,电气化铁路营业里程呈现上涨势头,从 1994-95 财年的 4 970 km 增至 2019-20 财年的 6 049 km,比重逐步提升,从 30.04%增至 38.03%。英国国家铁路 1984-85 财年至 2019-20 财年运营总里程与电气化铁路里程变化如图 2-8 所示。

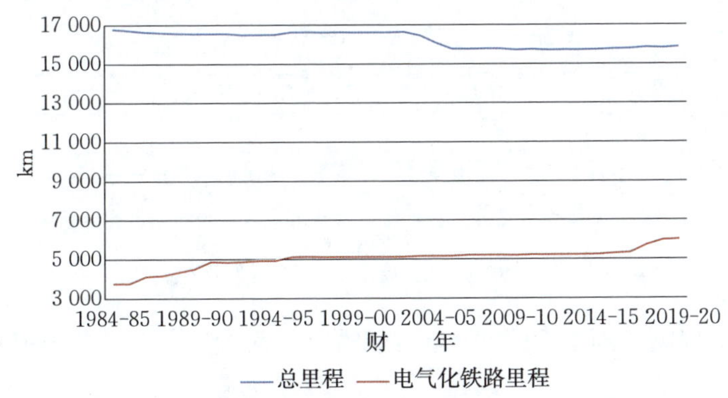

图 2-8 1984-85 财年至 2019-20 财年英国国家铁路运营总里程与电气化铁路里程变化

(二)铁路运输主业发展

1993 年英国铁路改革以来,英国铁路客货运水平获得一定程度的提升,其中客运比货运的成效更加显著:旅客周转量从 1995-96 财年的 300 亿人公里变化至 2019-20 财年的 668 亿人公里;货物周转量从 1995-96 财年的 133 亿吨公里变化至 2019-20 财年的 166 亿吨公里。但从市场份额来看,铁路旅客周转量占据综合运输方式的比重从 1995 年的 4.4%增至 2019 年的 8.5%,铁路货物周转量占据综合运输方式的比重从 1995 年的 5.2%增至 2019 年的 9.1%，说明 1993 年与2002 年两次铁路改革后，铁路客货运输获得一定程度的发展，但增长幅度较为有限，铁路运输占各种运输方式的比例仍然只能在个位数徘徊。

1995-96 财年至 2022-23 财年英国铁路旅客周转量与货物周转量变化情况如图 2-9 所示，1995—2021 年各运输方式的旅客周转量对比如图 2-10 所示，各运输方式的货物周转量对比如图 2-11 所示。

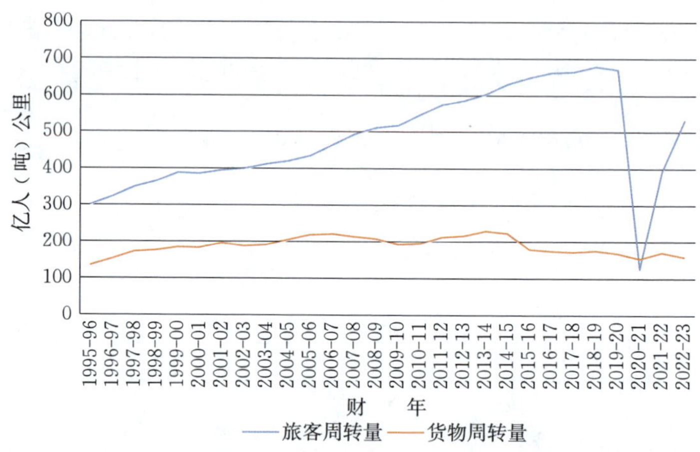

图 2-9　1995-96 财年至 2022-23 财年英国铁路旅客周转量与货物周转量变化情况

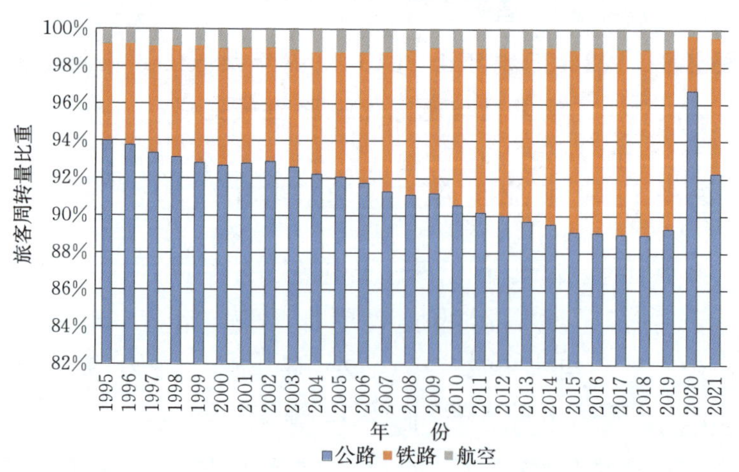

图 2-10　1995—2021 年英国公路、铁路、航空运输旅客周转量市场份额

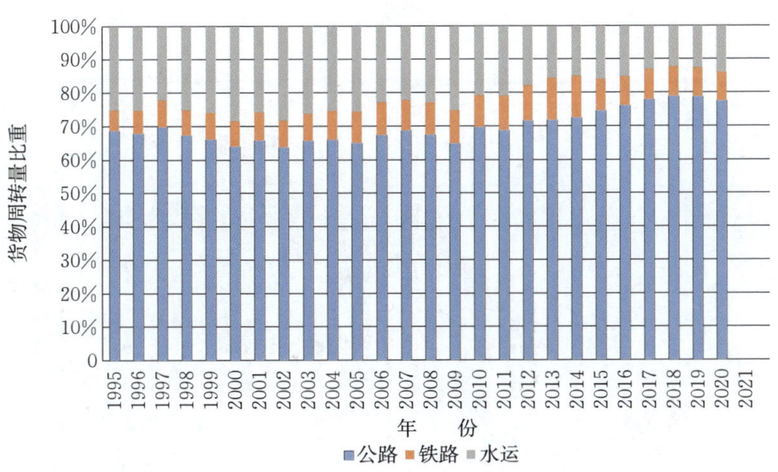

图 2-11 1995—2021 年英国公路、铁路、水运货物周转量市场份额

注:2021 年数据缺失。

1995-96 财年至 2022-23 财年英国铁路分品类货运情况如图 2-12 所示。从货运品类看,英国铁路货物周转量变化最大的是煤炭运输,从 2013 年的 80.7 亿吨公里骤降至 2016 年的 14.3 亿吨公里,随后在 2020 年达到历史低点的 2.1 亿吨公里。主要原因是英国政府在 2015 年提出将在 2025 年彻底淘汰煤炭发电行业,后续实施了一系列配套政策。具体在铁路行业,英国政府也要求英国铁路网公司对运输煤炭的铁路运输企业额外征收线路使用费。

(三)铁路客运服务质量与收入发展

英国政府开展的问卷统计结果显示,英国消费者对铁路客运服务的满意度从 2000 年的 76%变化至 2020 年的 82%;平均准点率方面,除去 2000-01 财年因铁路事故而进行大面积降速、停运外,其余年份基本能维持在 80%以上。说明英国铁路在 2002 年改革后,客运公司的服务能力与准点率都已经维持在一个相对稳定的区间。2000—2020 年客运公司满意度如图 2-13 所示,1997-98 财年至 2020-21 财年客运公司准点率如图 2-14 所示。

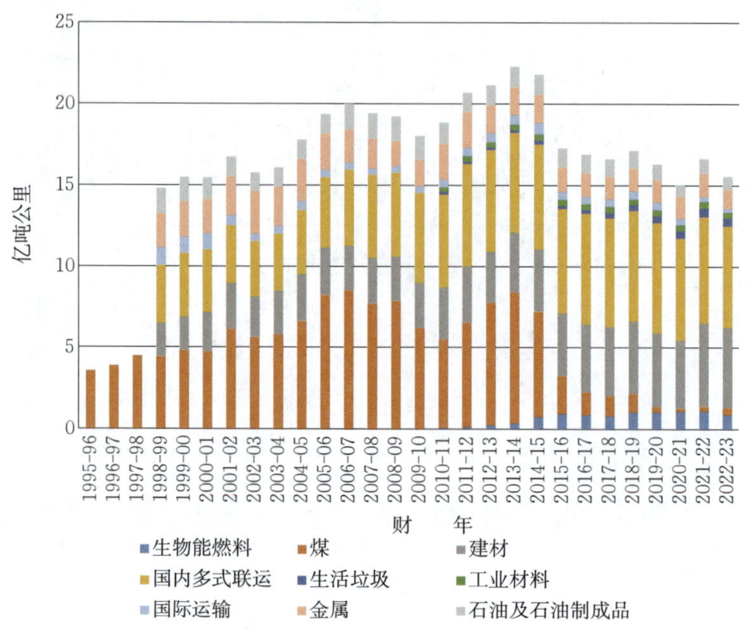

图 2-12　1995-96 财年至 2022-23 财年英国铁路主要品类货物周转量情况

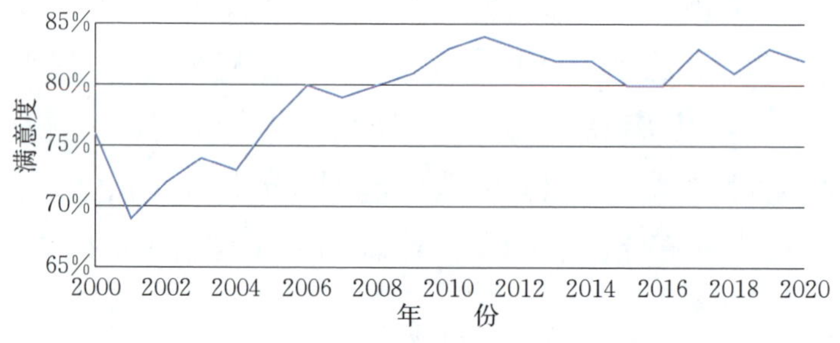

图 2-13　2000—2020 年英国消费者对铁路客运服务的满意度

铁路综合客运收入(以 2019-20 财年的运价重新计算)也获得显著提升,从 2000-01 财年的 49.79 亿英镑增至 2018-19 财年的 104.37 亿英镑,年均增长 3.03 亿英镑。说明 2002 年铁路基础设施管理企业再国有化后,铁路基础设施得到了较好的更新改造和维修养护,为铁路客运发展打下基础。2000-01 财年至 2020-21 财年英国铁路特许经营客运公司综合客运收入如图 2-15 所示。

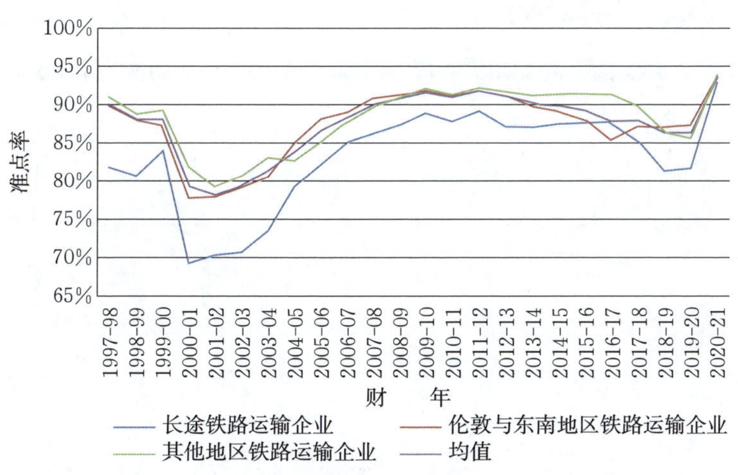

图 2-14　1997-98 财年至 2020-21 财年英国客运公司准点率

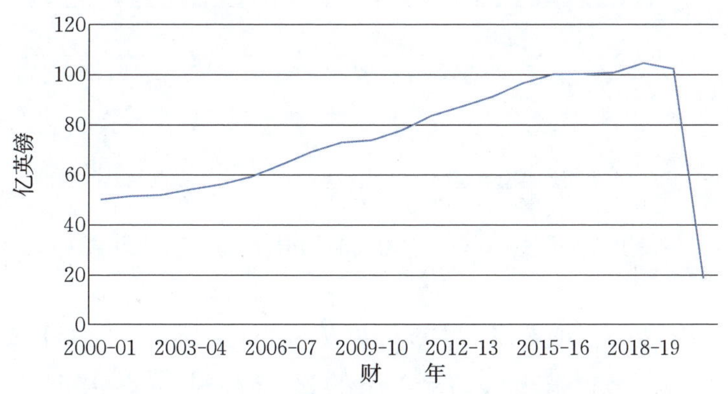

图 2-15　2000-01 财年至 2020-21 财年英国铁路特许经营客运公司综合客运收入

（四）铁路财政补贴发展

在 1993 年与 2002 年两次改革后，英国政府的运营补贴均出现明显变动。1985-86 财年至 2020-21 财年英国政府运营补贴额度如图 2-16 所示。

1. 运营补贴总额。英国政府的补贴先是从 1993-94 财年的 18.4 亿英镑降低至 2000-01 财年的 17.28 亿英镑，又增至 2007-08 财年的 67.43 亿英镑，最终稳定在 2018-19 财年的 44.52 亿英镑，这说明英国政府对于铁路运营补贴的态度经历了先低后高、稳健投入的过程。

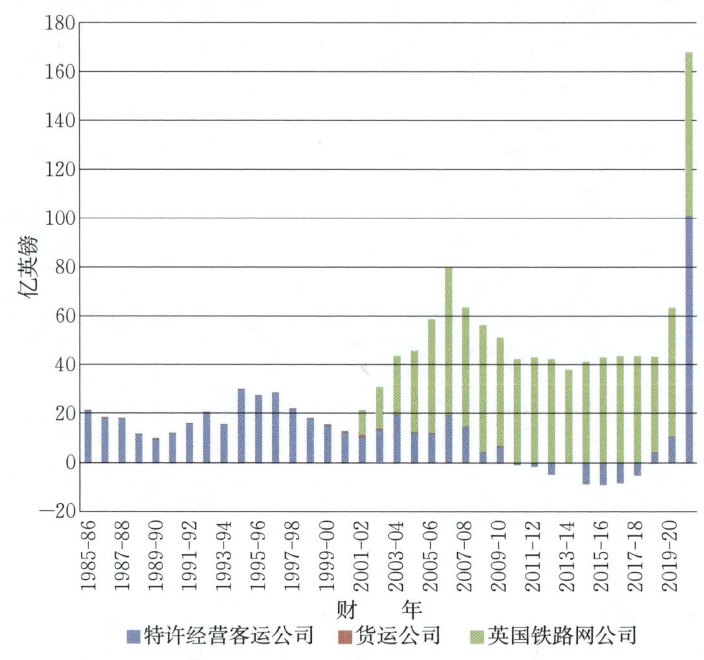

图 2-16　1985-86 财年至 2020-21 财年英国政府运营补贴额度

2. 补贴对象有所变化。1993 年改革后，英国政府的补贴重点为铁路客运公司，至 2002 年前客运公司的运营补贴一直占据全部补贴的 80%～90%；2002 年后，客运公司的补贴额迅速降低，从 2010-11 财年开始，客运公司上缴的特许经营费用超过补贴费用（体现为补贴净额为负值）。同样是 2002 年，英国铁路网公司成立后，迅速成为英国铁路补贴重点，2010—2019 年，英国铁路网公司的运营补贴占据全部补贴的 90% 以上。2020-21财年，为了避免新冠疫情给铁路运输企业带来持续恶性影响，英国政府重新将 60%的铁路补贴安排给特许经营客运公司。

3. 新冠疫情导致运营补贴再度增高。2020-21 财年，英国政府给予铁路行业的运营补贴增至 168.11 亿英镑，同比增加 163.5%。

4. 铁路直接基建投资增加。2009-10 财年至 2019-20 财年，英国政府对铁路基础设施的累计直接投资为435.6亿英镑，年均投资39.6亿英镑。2009-10财年至2020-21财年英国政府投资铁路基础设施额度如图2-17所示。

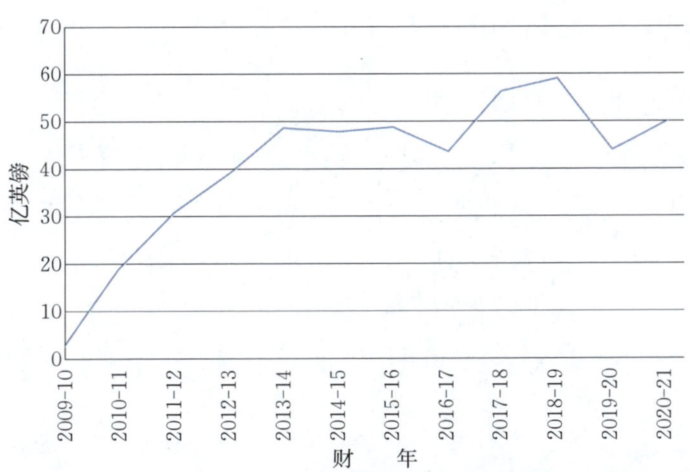

图2-17　2009-10财年至2020-21财年英国政府投资铁路基础设施额度

第二节　治理架构

2020年以前英国铁路治理架构如图2-18所示。

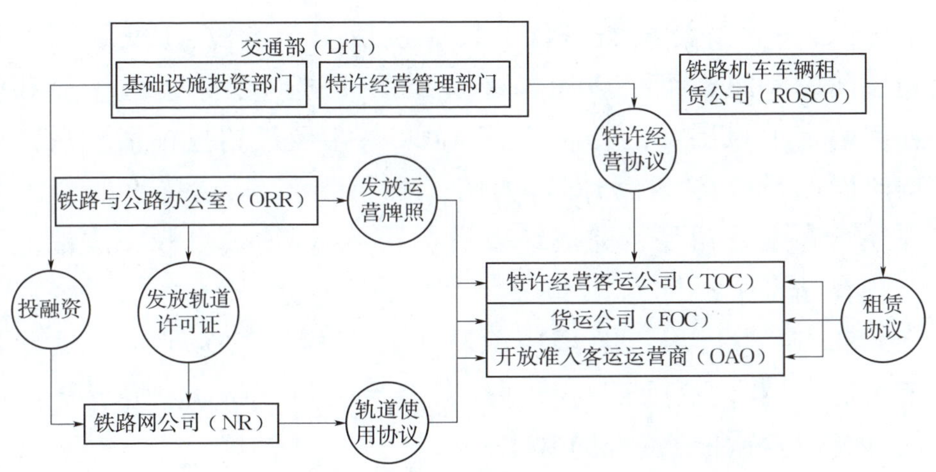

图2-18　2020年以前英国铁路治理架构示意

一、英国铁路监管主体与监管职能

(一)行业主管部门和客运经营授权管理部门:英国交通部(Department for Transport,DfT)

1. 部门定位与主要职责

英国交通部是英国全部交通运输方式(除管道运输外)的行业主管部门,包括公路、铁路、水运(海运)、民航等,主要职责是制定各交通运输方式的行业政策及发展规划,由下议院的运输委员会进行监管。具体到铁路方面,英国交通部负责制定铁路行业发展战略与财政补贴政策,同时也是英国铁路客运经营授权管理部门。

2. 客运经营授权管理内容

2020 年以前,英国交通部负责组织客运特许经营授权管理:一是设定特许经营范围和经营目标。根据铁路线路具体情况确定客运特许经营区,并针对每一个特许经营区设定经营目标。二是组织开展客运特许经营区的招投标活动。与有意投标的铁路运输企业开展事前交流,引导其规范参与投标,并通过公开招标方式选取最终中标人,签署特许经营协议。具体包括三个阶段:①交通部发布规划层面的实施大纲(SOBC);②交通部通过向铁路运输企业和公众咨询确定项目层面的初步方案(OBC);③经过招投标活动后确定采购层面的最终方案(FBC),如图 2-19 所示。三是持续监督考核特许经营客运公司是否完成绩效目标,并根据绩效目标完成情况下达财政补贴资金。

2020 年 9 月以后,英国废除特许经营模式。为了维持铁路运输市场稳定,英国交通部与特许经营客运公司重新谈判并签署临时合同,内容与特许经营合同基本一致。

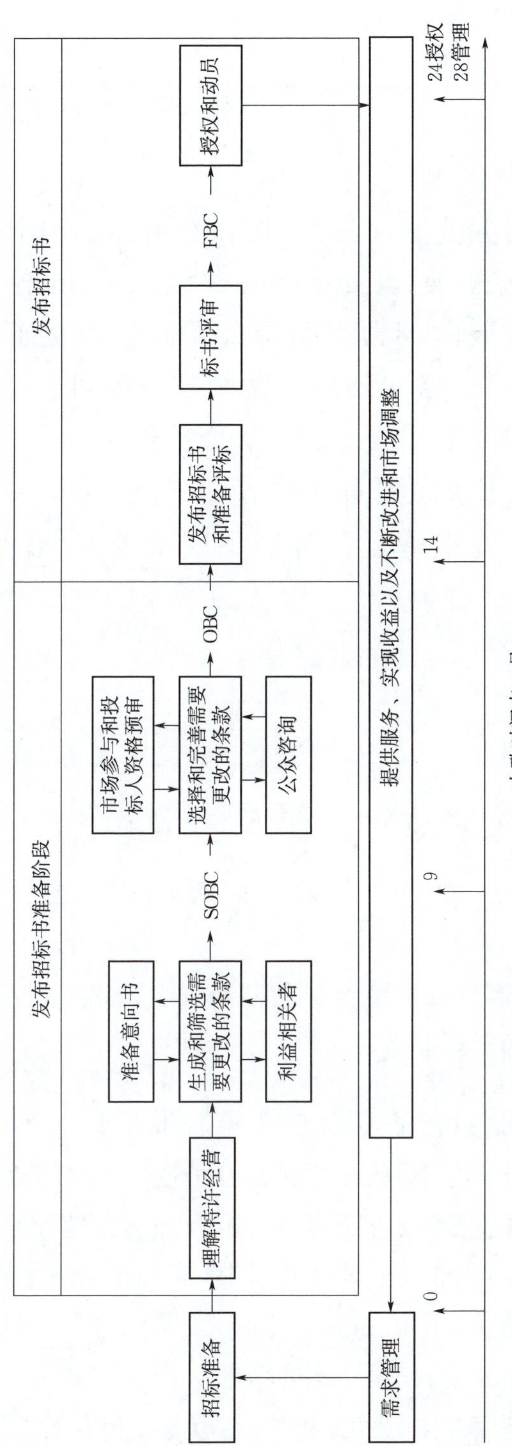

图2-19　2020年以前英国铁路客运特许经营授权主要流程

(二)牌照发放与安全监管、铁路基础设施收费监管部门：英国铁路和公路办公室(Office of Rail and Road,ORR)

1. 部门定位与主要职责

英国铁路和公路办公室简称“英国铁公办”。部门性质是“无大臣政府部门”(non-ministerial government department),负责铁路经济与安全监管。主要向英国铁路网公司及铁路运输企业发放经营牌照,负责监管英国铁路网公司的路网收费项目、准入审批,负责监管铁路运输集团的车票销售、结算协议等事宜。

2. 牌照、安全证书等主要资质内容

英国铁路运输企业申请运营牌照和安全证书(或授权)的时间表如图 2-20 所示。

谈判主体：英国铁路与公路办公室(ORR)

申请牌照

讨论安全需求

申请安全证书或安全授权

2022年5月1日 2022年6月1日 2022年7月1日 2022年8月1日 2022年9月1日 2022年10月1日 2022年11月1日

2022年4月1日

2022年12月1日

图 2-20 英国铁路运输企业申请运营牌照和安全证书(或授权)的时间表(假定 2022 年 12 月 1 日运营)

(1)铁路运输企业运营牌照(2020 年脱欧前)

①负责英国铁路牌照发放,向仅在英国境内开展业务的铁路运输企业颁发。包括路网牌照(network licence)、旅客列车牌照(passenger train licence)、非旅客列车牌照(non-passenger train licence)、车站牌照(station licence)和轻型维修段所牌照(light maintenance depot licence)等 5 类不同牌照。

②负责欧洲铁路牌照的发放和准入审核,向在欧盟国家开展业

务的铁路运输企业颁发，包括欧洲牌照（European licence）与英国国家规章条例声明（SNRP）两部分，其中欧洲牌照可以用于欧盟及欧洲经济区各成员国，英国国家规章条例声明在英国国内通用。

（2）安全证书和安全授权（2020年脱欧前）

客运铁路运输企业需要同时持有安全证书与安全授权。

①安全证书方面。所有铁路运输企业均须持有安全证书，包括在干线与非干线铁路开展运输工作。其中，干线铁路运输企业的安全证书分为两部分：A部分是欧盟通用安全管理条款，B部分是适应英国铁路系统的安全管理条款。

②安全授权方面。负责铁路基础设施（路轨、通信信号、桥梁、隧道等）或铁路车站管理的组织需获得安全授权，包括在干线与非干线铁路开展运输工作。

（3）机车车辆的准入资质（2020年脱欧前）

英国铁公办负责检验机车车辆能否适用于英国铁路网。每逢铁路运输企业购置新的机车车辆、拓展既有机车车辆的行车路线、对机车车辆进行重大改装、把已获通行许可的机车车辆引入路轨，英国铁公办均按照英国铁路行业标准 RIS-8270-RST 开展兼容性测试，证明机车车辆符合车站、隧道、桥梁等路网最高负荷，并在车辆首次投入使用前纳入国家车辆登记册（NVR）。

（4）列车运行人员的资格认证（2020年脱欧前）

英国铁路网公司与铁路运输企业共同确保参与或影响列车运行的工作人员有履职能力，其中重点是列车驾驶执照。截至2021年，英国仍然沿用《列车驾驶执照和证书条例（2010年版）》（TDLCR），该条例遵循欧盟 2007/59/EC 号指令规定。所有在英国国境内的列车驾驶员必须持有依据该条例发出的驾驶执照。由于涉及英国脱欧后的标准重新制定事宜，英国铁路网公司 2022 年路网公告要求所有列车驾驶员必须在 2018 年 10 月 29 日以前获得驾驶执照。

(5)对于购买财产保险的要求

英国铁公办要求铁路运输企业必须购买一定额度的第三方责任险。2022年,最低金额为1.55亿英镑。

3. 铁路基础设施收费监管要求

英国铁公办负责监管英国铁路基础设施管理企业的收费项目和标准。

(1)建立铁路基础设施收费监管周期制度

从1994年开始,英国政府设定了基础设施收费监管周期制度,每5年为一个周期;新周期开始前,英国铁公办对英国铁路网公司上一个周期的收费项目和标准进行审查、评估,征求铁路行业各方参与者的意见后,制定出下一轮控制期的收费项目和标准。

(2)督促建立铁路基础设施成本模型

2009年起,英国铁公办要求英国铁路网公司建立铁路基础设施成本模型(ICM),根据英国300多条主要干线路线的线路使用与磨损情况,确定线路长期(40年左右)的维修养护和更新改造需求,进而计算英国所有线路的具体成本,作为基础设施收费的基础。这次改革促使铁路基础设施收费标准从定性判断转为更加科学的定量判断,在很大程度上改变了固有收费习惯。例如,2009年以前,电气化资产使用费仅与电力使用量挂钩;2009年基于铁路基础设施成本模型测算后,发现电气化资产使用费还与列车通过量、电气化设备资产损耗、电气化设备维修养护支出等相关,因而调整了收费标准。

(3)不断优化铁路基础设施收费模式

近年来,英国铁公办不断优化铁路基础设施收费模式,简化基础设施收费项目。例如2019年起,将对货运铁路运输企业收取的货运线路使用费、货运特别收费、铁路运能使用费等多项互有重叠的收费统一为"铁路基础设施收费"(ICC)。

（三）事故调查部门：铁路事故调查处（Rail Accident Investigation Branch，RAIB）

铁路事故调查处负责独立调查英国境内与英法隧道发生的所有铁路事故。

（四）服务质量监管部门：交通关注机构（Transport Focus）

交通关注机构的部门性质是“行政式非部门公共机构”（executive non-departmental public body），是英国交通部的一个独立机构。该部门的职能是确保英国铁路与公路客运的运输企业对消费者负责。

（五）铁路运输收入结算机构：铁路运输集团（Rail Delivery Group，RDG）

铁路运输集团的机构性质是铁路行业协会，其成员包括英国铁路网公司及客运公司、货运公司等铁路运输企业，主要职责包括：①在不同铁路运输企业之间进行收入结算；②开展铁路满意度问卷调查；③进行铁路优惠卡营销；④负责统计和组织铁路员工的折扣出行；⑤授权第三方售票机构开展售票业务等。

（六）其他机构

1. 英国运输警察局（British Transport Police Authority，BTPA）

英国运输警察局的部门性质是“行政式非部门公共机构”，是交通部的一个独立机构。该局为铁路运输企业、员工和乘客提供警察安保服务，由铁路运输企业和英国铁路网公司出资，不接受政府补贴。

2. 铁路安全与标准委员会（Rail Safety and Standards Board，RSSB）

铁路安全与标准委员会的机构性质是“担保有限公司”

(company limited by guarantee),为非营利法人,负责监督制定铁路技术标准。成员包括铁路基础设施管理企业(如英国铁路网公司)、客运公司、车辆租赁公司等,确保英国铁路网安全健康运营。

3. 英国竞争与市场管理局(Competition and Markets Authority,CMA)

英国竞争与市场管理局的部门性质是“非部委政府机关”(non-ministerial government department),负责巩固英国商业竞争,打击反竞争行为与组织。

二、英国主要铁路企业

(一)铁路基础设施管理企业

铁路基础设施管理企业主要包括英国铁路网公司、伦敦希斯罗机场有限公司、HS1 有限公司等 7 家铁路基础设施管理企业。其中,英国铁路网公司拥有运营里程超过 98%,负责英国 3.2 万 km 铁路轨道和 2 500 多个车站的运营维护与更新改造业务,因此本书关注的英国铁路基础设施管理企业为英国铁路网公司。

(二)铁路运输企业

1. 特许经营客运公司(Train Operating Company,TOC)

特许经营客运公司向英国交通部申请特许经营权,并在特许经营权范围内提供符合要求的铁路客运服务,取得铁路客票收入,向英国交通部申请财政补贴资金、向英国铁路网公司支付铁路基础设施收费。截至 2020 年 3 月,与英国交通部签署特许经营协议的客运公司共有 18 家。

同时,苏格兰交通局、威尔士交通局有权自行授权签署特许经营协议。苏格兰交通局授权爱贝里奥苏格兰铁路公司(Abellio ScotRail)开展运营,威尔士交通局自营本土线路。

2. 客运开放准入运输企业(Open Access Operator,OAO)

有别于特许经营客运公司,客运开放准入运输企业不需要特许经营权就可以直接在铁路网开展铁路运输服务。客运开放准入运输企业的申请程序较为简单,只需要由英国铁公办批准列车径路和营业时段的申请,并与英国铁路网公司签署接轨协议,即可开行列车。截至2020年年底,该类运输企业有4家。

虽然申请程序简单,但客运开放准入运输企业对比特许经营客运公司存在两个主要劣势:①客运开放准入运输企业的列车只能在部分固定路段的特定时间段开行,经营自由度较低,主要包括英法海底隧道线、伦敦希斯罗机场快线等特殊路线;②客运开放准入运输企业不会获得政府补贴,需要完全自负盈亏。

3. 铁路货运公司(Freight Operating Company,FOC)

截至2020年年底,英国铁路市场共有7家铁路货运公司。

(三)铁路机车车辆租赁公司(ROSCO)

截至2020年年底,英国共有9家铁路机车车辆租赁公司。该类公司主要向阿尔斯通、庞巴迪、日立、西门子等机车车辆生产企业购买机车车辆,并向铁路运输企业租赁使用权。此外,铁路机车车辆租赁公司与英国交通部有直接协议,如果某家特许经营客运公司主动放弃特许经营权,为保障铁路机车车辆租赁公司的利润稳定,英国交通部将临时代替特许经营客运公司继续履行租赁合同,直至找到下一家特许经营客运公司为止。

三、英国铁路企业之间的关系

(一)英国铁路基础设施管理企业、铁路运输企业的关系

1. 英国铁路网公司对铁路运输企业的义务

英国铁路网公司应向铁路运输企业提供下列服务并公布收费标准:

(1)最低准入一揽子服务(minimum access package):①处理

基础设施运能申请;②使用运能范围内的铁路基础设施(包括轨道、车站、道口等);③牵引电流的电力供应设备(包括信号、列车调节、调度、通信及提供有关列车行驶情况的资料)。

(2)额外服务:①牵引电流;②轻型维修站与供水服务;③特殊运输和危险品运输服务;④内燃机车的燃料供应。

(3)附属服务:①电信网络准入;②提供补充材料;③客运站经营售票服务点;④专业大修服务的代理服务。

2. 铁路运输企业对英国铁路网公司的义务

英国铁路运输企业应向英国铁路网公司提供以下信息:①所需铁路基础设施类型;②使用铁路基础设施时长;③是否需要燃油供应;④是否需要清洁及其他简单维修服务;⑤电力机车牵引用电量信息;⑥是否需要技术检查及其他专业维修。

(二)铁路运输企业之间的关系

英国铁路运输企业之间的关系,主要是特许经营客运公司之间的运价确定与收入清算的关系。

特许经营客运公司之间通过铁路运输集团下设的铁路清算计划有限公司(RSP)签订“票务与清算协议”(ticketing and settlement agreement),针对下列事项进行规范:①铁路运输企业提供的铁路产品与非铁路产品;②铁路运输企业的产品品牌与软件要求;③客票销售;④付款方式;⑤铁路运输企业与旅客的合同;⑥第三方销售政策;⑦旅客运输;⑧收入分配;⑨清算;⑩运营审查;⑪违反协议的惩罚措施。

铁路运输企业有义务向铁路清算计划有限公司提供必要信息,有权享有平等而无歧视的收入分配与清算服务。

(三)铁路运输企业与铁路机车车辆租赁公司的关系

铁路运输企业与机车车辆租赁公司的关系如图 2-21 所示,主要是购买与提供机车车辆租赁服务之间的关系。机车车辆租赁主要分为两个阶段：

阶段一：英国交通部发布特许经营邀请书(ITT)前，特许经营客运公司就会向多家机车车辆租赁公司提出至少5种类型的机车车辆使用要求，获取可用机车车辆信息与预估成本，以便申报特许经营的成本。

阶段二：英国交通部发布特许经营邀请书后，特许经营客运公司与机车车辆租赁公司分别修改自身要求与报价，经过市场机制选择后，达成合意并签订租赁合同。

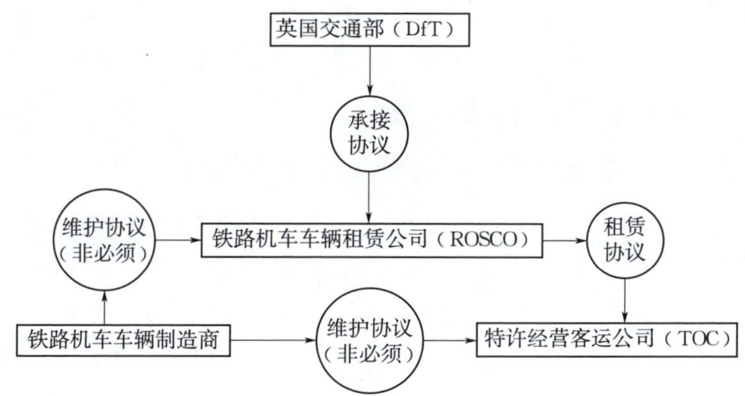

图 2-21 英国铁路运输企业与机车车辆租赁公司关系

第三节 运能分配机制

一、前置程序：铁路基础设施准入合同

英国铁路运输企业进入英国铁路网之前，必须与英国铁路网公司签订轨道和车站准入合同，经英国铁公办批准后实施。铁路运输企业只有签署了相应的轨道和车站准入合同，才能在英国铁路网正常开展运输业务。

对于不同类别的铁路运输企业，轨道和车站准入合同内容有所不同：①对于特许经营客运公司，需要签署客运轨道准入合同（track access passenger contract），主要是划清英国铁路网公司和特许经营客运公司之间的权责界面，明确特许经营客运公司必须达到的路网使用率标准，约定双方因事故造成的补偿要求等。②对于客运开放准入运输企业，需要签署开放准入客运轨道准入协议（open access track access passenger contract），主要内容与特许经营客运公司类似。③对于铁路货运公司，需要签署货运轨道准入合同（track access freight contract），主要是约定双方因事故造成的补偿要求等。④对于所有需要使用铁路车站的铁路运输企业，都需要签署车站准入合同（station access agreement）与段所准入合同（depot access agreement），主要是根据英国国家有关要求约定使用车站和维修站的服务内容及收费标准等。

英国铁路运输企业申请进入铁路网的时间表如图 2-22 所示。

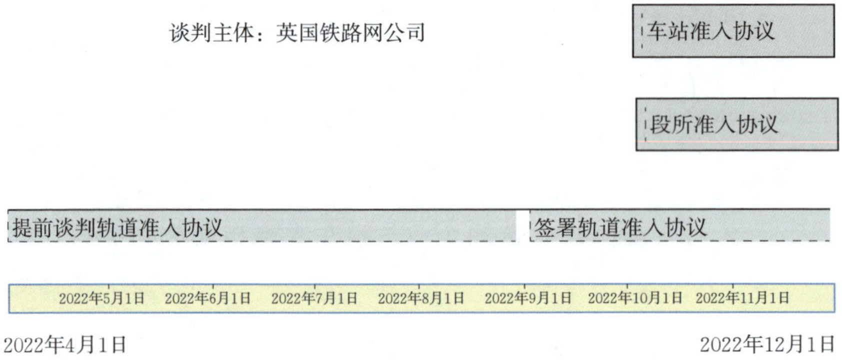

谈判主体：英国铁路网公司
车站准入协议
段所准入协议
提前谈判轨道准入协议
签署轨道准入协议
2022年5月1日 2022年6月1日 2022年7月1日 2022年8月1日 2022年9月1日 2022年10月1日 2022年11月1日
2022年4月1日
2022年12月1日

图 2-22　英国铁路运输企业申请进入铁路网的时间表（假定 2022 年 12 月 1 日运营）

二、铁路基础设施运能分配优先级与流程

英国铁路网公司负责向铁路运输企业分配铁路基础设施运能，制定列车运行图，并向社会公布列车时刻表。为更好适应市场需求，英国铁路网公司在每年的 5 月和 12 月两次调整运行图，方便铁

路运输企业根据市场需求定期更改其列车开行计划。

（一）运能分配优先级

1. 现行优先级

在分配铁路基础设施运能和制定列车运行图时，英国铁路网公司按照以下顺序开展工作：

（1）预留铁路基础设施维修养护的时段。为了保障铁路基础设施处于安全稳定状态，英国铁路网公司根据不同线路实际情况先行预留铁路基础设施维修养护时段。

（2）在前述条件相同的情况下，优先满足特许经营客运公司的列车开行要求。在所有铁路运输企业中，特许经营客运公司必须满足英国交通部设定的最低列车开行频次要求，具有一定公益性特征。因此在开展基础设施分配时，优先考虑特许经营客运公司。

（3）在前述条件相同的情况下，尽可能维持既有列车开行计划。在制定列车运行图时，英国铁路网公司会与各类铁路运输企业加强沟通，如果铁路运输企业能维持其原有的列车开行计划，且不妨碍特许经营客运公司的运行图变动申请，那么英国铁路网公司将优先保障原有的列车开行计划。

（4）在前述条件相同的情况下，如有铁路运输企业继续申请调整列车运行计划，英国铁路网公司将根据提交申请的先后顺序予以分配。

2. 优先级的调整

（1）每次铁路基础设施运能分配开始前，英国铁路网公司都会在列车开行日前 64 周（约 16 个月）将运能分配优先级原则和铁路基础设施维修养护计划函告全部铁路运输企业。

（2）铁路运输企业如对运能分配优先级存在不同意见，可以在列车开行日前 54 周（约 13 个月）函告英国铁路网公司。

（3）英国铁路网公司在考虑全部意见后，会对优先级进行调整，并在列车开行日前44周(约11个月)向所有铁路运输企业公开最终的优先级原则。如不采纳铁路运输企业的建议,必须进行书面说明。

(二)运能分配总体进度

在开展运能分配的过程中,英国铁路网公司需要与各类铁路运输企业反复沟通协调,咨询大量专业组织。因此每次开展铁路基础设施分配和列车运行图调整时,均需要64周时间(约16个月)完成全部工作。英国铁路基础设施运能分配可以分为5个阶段:

(1)发布铁路基础设施维修养护计划阶段。英国铁路网公司确定铁路基础设施维修养护计划。必须在列车开行日前64周(约16个月)前向铁路运输企业公布。

(2)铁路基础设施运能分配协商阶段。英国铁路运输企业制定新的列车开行计划。必须在列车开行日前40周(约10个月)前上报英国铁路网公司。

(3)铁路基础设施运能分配草案阶段。英国铁路网公司根据铁路运输企业的列车开行计划,按照优先级分配铁路基础设施运能,并出台列车运行图草案。必须在列车开行日前26周(约6个月)前将草案通报给全部铁路运输企业。

(4)铁路基础设施运能分配修改阶段。英国铁路运输企业根据实际情况,对列车开行计划进行临时调整。必须在列车开行日前18周(约4个月)将临时调整计划上报英国铁路网公司,但临时调整计划的范围存在限制。英国铁路网公司根据实际情况,接受或拒绝铁路运输企业的临时调整申请。无论是否接受,必须在列车开行日前12周(约3个月)答复铁路运输企业,并发布最终版列车运行图。最终版列车运行图发布后,英国铁路运输企业方可预售铁路车票。

(5)铁路基础设施运能分配紧急修改阶段。在列车开行日前

12 周内，如遇特殊紧急情况必须取消列车，英国铁路网公司可以继续处理相关事宜。

（三）运能分配各阶段具体情况

1. 发布铁路基础设施维修养护计划阶段（列车开行日前 64 周）

在列车开行日前 64 周（约 16 个月）前公布铁路基础设施维修养护计划。

2. 铁路基础设施运能分配协商阶段（列车开行日前 55 周～40 周）

由于英国实行特许经营模式，铁路运输企业需要满足特许经营合同约定的开行频率，所以必须在列车开行日前 55 周（约 14 个月）向英国铁路网公司提供列车时刻表变更的预通知，以便英国铁路网公司及时对列车时刻表做出修改。

（1）在列车开行日前 48 周（约 12 个月）前，英国铁路网公司应与跨境铁路运输企业及其他铁路基础设施管理企业（如外国铁路基础设施管理企业）协商，并在新的工作时间表中暂列跨境铁路运输企业希望运营的跨境列车径路。

（2）在列车开行日前 45 周（约 11 个月）前，英国铁路网公司根据铁路运输企业提供的预通知，第一次制定新的列车时刻表，公布铁路基础设施运能使用情况。

（3）在列车开行日前 40 周（约 10 个月）前，英国铁路网与铁路运输企业协商列车时刻表的具体标志工作，本阶段为铁路运输企业变更列车时刻表的主要时期，最终出台列车时刻表草案。

铁路运输企业提交的列车时刻表申请必须包含以下内容：①拟开行列车的时期；②列车运行的始发站、中转站、经停站、终点站位置信息、到发时间信息及所需要的车站安排；③拟使用铁路机车车辆情况，包括列车长度、最高时速，货运列车还需要上报最高列车重量等情况；④与其他铁路运输企业的接驳情况；⑤任何相关的商业及服务代码;⑥铁路机车车辆在本次使用前及本次使用后的运作情况。

3. 铁路基础设施运能分配草案阶段(列车开行日前 40 周～26 周)

英国铁路网公司收集所有铁路运输企业的书面建议,在列车开行日前 26 周(约 6 个月)前发布最终版本的列车时刻表。任何铁路运输企业可以在新列车时刻表发布之日起 20 个工作日内向英国铁公办提出申诉。

4. 铁路基础设施运能分配修改阶段(列车开行日前 26 周～12 周)

在列车开行日前 26 周(约 6 个月)后,铁路运输企业如遇紧急情况,仍可以提出列车时刻表的修改申请。但申请内容仅限于三项:①额外增加列车径路或列车径路的使用时段;②修改列车径路或列车径路的使用时段;③撤销列车径路或列车径路的使用时段。为保证跨境列车的稳定,针对跨境列车列车时刻表的修改申请内容仅限于②③两项。

收到修改申请后,英国铁路网公司最迟于第四天 10 点前做出接受、修改、否决三种答复。如果修改或否决铁路运输企业的修改申请,必须发布书面原因,铁路运输企业可在收到回复的 5 个工作日内申诉。

英国铁路网公司也可以根据实际情况在列车开行日前 26 周后调整列车时刻表,但必须在列车开行日前 22 周(约 6 个月)前向受影响的铁路运输企业发布书面原因,收到铁路运输企业的反馈后于列车开行日前 18 周(约 5 个月)前完成协商,于列车开行日前 14 周前完成变更的所有决定。最终在列车开行日前 12 周(约 3 个月)前发布最终变更通知。

5. 铁路基础设施运能分配紧急修改阶段(列车开行日前 12 周以内)

在列车开行日前 12 周(约 3 个月)以内,如遇突发事件或紧急情况，英国铁路网公司可以接收铁路运输企业的列车时刻表紧急修改申请，并尽快处理相关事宜。

第四节　基础设施收费机制

铁路基础设施收费是英国铁路网公司的主要收入来源之一。铁路基础设施收费会影响英国铁路网公司、铁路运输企业等各方决策，从而影响维护和更新铁路网的成本及铁路网运能的使用效率。因此，英国铁公办定期对铁路基础设施收费机制进行评估和规范，并按周期调整收费项目和标准。截至2022年年末，英国铁路网公司仍在执行第六个周期(2019年4月至2024年3月)的收费模式，具体情况如下。

一、基本运输服务收费机制

(一)可变线路使用费(VUC)

1. 收费对象：特许经营客运公司、客运开放准入客运公司、货运公司。

2. 收费用途：用于弥补铁路基础设施维修养护和大修更新成本。

3. 收费标准：根据车辆自重、轴数、簧下质量、抗偏刚度、车辆最大运行速度、客车座席数/货车运行重量等情况，按列车英里(客运)/总重吨英里(货运)收费。

(二)电气化设施使用费(EAUC)

1. 收费对象：使用接触电网、直流电网等电气化设施的铁路运输企业。

2. 收费用途：用于弥补电气化设施的折旧成本。

3. 收费标准：

(1)特许经营客运公司、客运开放准入客运公司：按在电气化设施上产生的车辆英里收费。

(2)货运公司:按在电气化设施上产生的总重吨英里收费。

(三)牵引电费(EC4T)

1. 收费对象:使用电力牵引的铁路运输企业。

2. 收费用途:用于弥补电力牵引的电费成本。

3. 收费标准:

(1)按牵引电力消耗模型支付:电力牵引的列车英里×牵引电力消耗模型计算的费率[(kW·h)/列车英里]×电价[英镑/(kW·h)]。

(2)按实际测量的电力消费支付:[电力使用量(kW·h)×(1+损耗增长率)-再生电力(kW·h)]×电价[英镑/(kW·h)]。

(四)货物特别费(FSC)

1. 收费对象:运输电煤、废弃核燃料、发电站生物燃料、铁矿石的货运公司。

2. 收费用途:英国铁路网公司认为上述四类货物的运输工作一定程度上降低了路网使用率,增加了铁路基础设施维修养护成本,特别是英国政府希望在2025年前淘汰煤炭发电行业。因此,对运输上述四类货物的公司征收额外费用,弥补相应损失。

3. 收费标准:按总重吨英里收费。收费标准根据消费者物价指数每年调整。

(五)固定准入费(FTAC)

1. 收费对象:特许经营客运公司。

2. 收费用途:用于回收各条线路的铁路基础设施建设费。

3. 收费标准:根据线路不同而设立不同的固定准入费,费用根据消费者物价指数每年调整。

(六)基础设施成本费(ICC)

1. 收费对象:客运开放准入运输企业(仅在新开行列车时收取)。

2. 收费用途:用于补偿为客运开放准入运输企业提供服务的固定成本。

3. 收费标准:按列车英里收费。

(七)准入费附加(ACS)

1. 收费对象:特许经营客运公司必须支付,客运开放准入运输企业可以选择不支付。

2. 收费用途:准入费附加是一种具有行业保险性质的费用。铁路基础设施可能会因为多种风险因素发生故障,导致铁路运输中断,造成铁路运输企业出现损失。缴纳准入费附加后,如铁路基础设施不是因为铁路运输企业的失误出现故障,英国铁路网公司将按照一定标准对铁路运输企业中断运输的损失予以赔偿。

3. 收费标准:根据线路情况不同确定收费标准,标准根据消费者物价指数每年进行调整。

二、车站与段所等服务收费机制

(一)车站长期收费(SLTC)

1. 收费对象:使用车站的铁路运输企业。

2. 收费用途:一是用于补偿车站维修养护支出,二是用于补偿车站信息和监视系统设备的使用损耗。

3. 收费标准:

(1)如该车站由特许经营客运公司负责运营,则其他使用该车站的铁路运输企业需要向负责运营的特许经营客运公司支付相关费用。

(2)如该车站由英国铁路网公司负责运营,则各铁路运输企业按从车站始发列车数,向英国铁路网公司支付相关费用。

(二)车站资产租赁费及额外管理费

1. 收费对象:负责车站运营的特许经营客运公司。如该车站由英国铁路网公司负责运营,则不需要支付该费用。

2. 收费用途:一是与特许经营客运公司就站车商业(如零售业、广告业等)开发进行收入分劈。二是用于补偿车站的公共设施运营成本,例如车站清洁、垃圾收集及处置等。

3. 收费标准:由英国铁路网公司与特许经营客运公司协商决定。

(三)段所收费

1. 收费对象:负责段所运营的企业。

2. 收费用途:向段所运营企业收取土地租金。

3. 收费标准:与附近工业用地(土地和建筑物)的公开市场价值比较确定租金。

第五节　运价机制

一、铁路管制运价情况

英国交通部仅对特许经营客运公司的部分铁路客运运价实行管制,对客运开放准入运输企业的铁路客运运价及铁路货运运价不采取管制措施。

(一)铁路客运管制运价的类别

英国铁路客运运价管制总体情况见表 2-1。2019 年,以通勤、通学为目的的英国铁路旅客发送量占全部旅客发送量的 54%。英国政府认为高峰期城市通勤服务属于公益性服务范畴,将特定日期的普通票、季票均列入管制运价范畴，分别满足通勤、通学人群的临时使用、长期使用需求。同时，为了提升非高峰期的路网使用效率，鼓励商务、购物、休闲人群选择铁路出行，英国政府将部分平峰时段票也列入管制运价范畴。具体情况如下：

(1)特定日期的普通票。可在某一具体日期的任意时段使用。

(2)平峰时段票。各家铁路公司规定的高峰期时间有细微不同，一般指周一至周五 5:00—10:00 和 15:00—20:00。

(3)季票。允许旅客在所示有效期内特定的出行中无限制使用，有效期通常有 7 天、1 个月或者 1 年。

表 2-1 英国铁路客运运价管制总体情况

车票类别	车票特点	管制目的
特定日期的普通票(anytime day)	可在某一具体日期的任意时段使用(普通座席)	政府为了降低通勤成本而限制运价
平峰时段票(off-peak/super off-peak)	可在任意日期的非高峰期使用(普通座席)	政府为了加强非高峰期的路网使用效率，降低运价、鼓励出行
季票(season fares)	可在某一季度的任意日期、任意时段使用(普通座席)	政府为了降低通勤成本而限制运价

(二)铁路客运管制运价的上浮限额

为了便于管理，英国交通部不会对每一张铁路客运车票进行监督和管控，而是采取“监管篮子”方式对铁路客运运价进行管制。

1. 确定“监管篮子”的范围。英国交通部将每个特许经营客运公司出售的特定日期的普通票、平峰时段票、季票价格列入一个“监管篮子”。“监管篮子”的数量与特许经营客运公司数量一致。

2. 对“监管篮子”进行限价。英国交通部将每个“监管篮子”中所有客运运价进行加权平均，并在每年年初对其增长率进行限定，一般采用“英国零售物价指数(RPI)$+x\%$”计算。

二、铁路非管制运价机制

(一)铁路客运非管制运价类型

英国铁路客运非管制运价总体情况见表 2-2。

表 2-2　英国铁路客运非管制运价总体情况

车票类别	车票特点
一等座 (fist class)	一等座席，定价属于市场行为
预售票 (advance)	特许经营客运公司针对某些列车的具体席次提供低价预订服务，定价属于市场行为
不限时段票 (anytime)	普通座席，可在有效期内的任意时段使用，比特定日期的普通票(anytime day)价格高
非高峰日票 (off-peak day)	普通座席，可在某一非高峰的日期使用，周末或节假日一般会被列为非高峰日，定价属于市场行为

1. 一等座

各类列车的一等座均不具备公益性特征，由铁路运输企业根据市场情况自行定价。

2. 预售票

预售票是一种价格较为低廉的客票，是特许经营客运公司为了提升某些运量较小线路的客座率而专门设计的特殊车票。每张预售票都有严格的固定车次、日期和乘车时间，一旦错过就不能退票或改签。每种预售票的数量有限，而且不是所有车次都有预售票。最多可以提前 90 天预订。

3. 不限时段票

不限时段票是灵活程度最高的客票类型，可以在有效期内任何时间段乘车，运价最贵。主要包括以下两类：

(1)不限时段单程票。仅适用于单程，有效期为两天。

(2)不限时段往返票。适用于往返程，出发有限期为开始时间的 5 天内，返程有效期为从出发日期起的一个月时间。

4. 非高峰日票

非高峰日票比不限时段票便宜，但只能在周末或节假日等非高峰日使用，有时只能在特定线路或特定铁路运输企业运营的列车上使用。由于该类车票不涉及保障通勤、通学人群出行需求，因此不受运价管制。

1993 年“铁路法”颁布以来，英国铁路运价连年上涨。2020 年一等座、非管制标准座的运价分别是 1995 年的 3.1 倍、2.55 倍；同一时期，2020 年的英国零售物价指数是 1995 年的 1.98 倍，平均每年上涨 2.77%。说明英国铁路私有化改革后，运价平均涨幅长期高于社会一般商品涨价水平，英国旅客出行成本显著上升。1995—2020 年英国铁路一等座、非管制标准座运价及零售物价指数(RPI)的变化情况如图 2-23 所示。

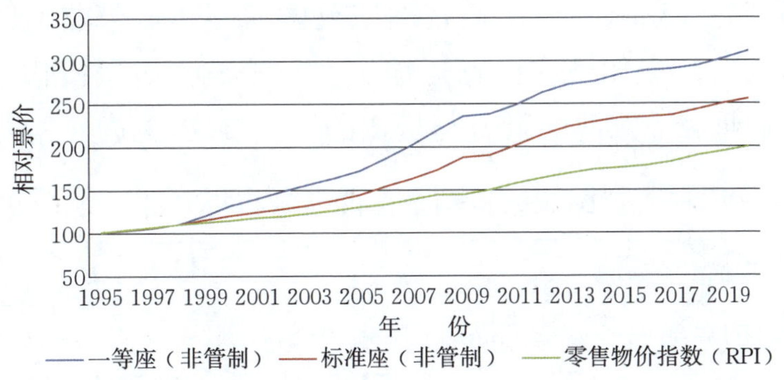

图 2-23　1995—2020 年英国铁路一等座、非管制标准座运价及零售物价指数(RPI)的变化情况

(二)铁路货运运价类型

1. 对货主收取货物运费。1993年改革后，英国铁路货运公司全部转由私营资本运营，政府对货运运价不进行限制。出于保密目的，英国各货运公司仅向注册会员企业提供货运运价表，并根据货主运输需求及时调整货运运价。

2. 对其他货运企业收取编组站租赁费。部分铁路货运企业对外租赁自营编组站的使用权，其他铁路货运企业可以付费使用编组站的场地、设备、人员，并按价目表支付调车、机车车辆养护、上水等费用。

三、英国铁路客运收入结算办法

自1995年以来，英国铁路客运的收入结算实行第三方委托代理模式，全部特许经营客运公司、开放准入运输企业与英国铁路运输集团的全资子公司——铁路结算计划有限公司签订票务与清算协议。

(一)英国铁路收入分配原则

1. 英国铁路收入计入原则

铁路结算计划有限公司负责确定英国铁路运输与非运输收入，确认退款导致的开支如何在铁路运输企业与第三方售票机构之间分配。铁路运输企业会计账簿的借方与贷方的计入方式，见表2-3。

表2-3　英国铁路运输企业的借方与贷方计入方式

借　　方	贷　　方
与已售出的运输或非运输产品有关的应付账款	销售车票、超额车票、升级车票、折扣卡、预订票、非运输产品获取的收入
销售运输或非运输产品应支付的佣金	销售运输或非运输产品获得的佣金收入

续上表

借　　方	贷　　方
运输或非运输产品的退款支出	退款收入
通过签发直通运输牌照，向其他运输企业的转移支付支出	通过接受直通运输牌照，接受其他运输企业的转移支付收入

2. 英国铁路收入分配计算

铁路结算计划有限公司按照一定规则分配运输收入，具体计算方式见表 2-4。

表 2-4　英国铁路收入分配计算方式

类　　型		计算方式
销售运输和非运输产品	一般运价：无折扣	收入分配比例(%)×(收取买方的费用－私人结算贷方额)
	一般运价：有折扣	收入分配比例(%)×(运价－折扣金额－私人结算贷方额)
	超额运价	收入分配比例(%)×收取买方的超额费用
	折扣卡	收入分配比例(%)×折扣卡价格或收取买方的费用
	预约与升级	收入分配比例(%)×收取买方的预约或升级费用
	非运输收入	收取买方的费用
	季票：暂记金额	当期贷方×$\frac{\text{总结期有效次数}}{\text{总有效次数}}$
	季票：调整金额	(新贷方－原始贷方)×$\frac{\text{剩余有效次数}}{\text{总有效次数}}$

续上表

<table>
<tr><th colspan="2">类　型</th><th>计算方式</th></tr>
<tr><td rowspan="2">佣金</td><td>佣金：一般情况</td><td>运输企业收到的分配金额×佣金比率＋增值税</td></tr>
<tr><td>佣金：免费预订</td><td>佣金数额×收入分配比例（%）＋增值税</td></tr>
<tr><td colspan="2">退款</td><td>收入分配比例（%）×退款金额</td></tr>
<tr><td>直通运输牌照</td><td>优惠券</td><td>优惠券面值的贷方额</td></tr>
</table>

3. 英国铁路收入分配比例的确定原则

一般来说，英国铁路收入分配比例根据下列顺序确定：

（1）由参与运输或非运输产品构成的铁路运输企业之间人工确定。

（2）如第一条原则不奏效，由运营研究计算机化票务分配服务（operational reaserch computerised allocation of tickets to services，ORCATS）程序确定。

（3）如前两条原则不奏效，按照铁路运输企业的默认比例分配；如铁路运输企业没有默认比例，即为0。

（二）英国铁路收入分配方式

1. 人工分配

（1）事前通知收入分配比例。在每个新的铁路运输或非运输产品上市前，列车实际承运人必须向参与产品构成的所有铁路运输企业通知专用运价、直通运价与互通运价的收入分配比例。

（2）解决收入分配纠纷。任何铁路运输企业如果针对收入分配比例有意见，可向铁路结算计划有限公司设立的客运公司计划委员会（ATOC scheme committee）申诉，协调解决争议，最长于四周内做出回应。

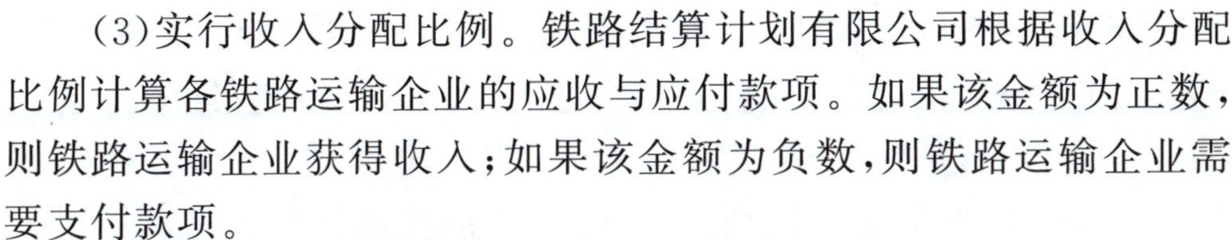

(3)实行收入分配比例。铁路结算计划有限公司根据收入分配比例计算各铁路运输企业的应收与应付款项。如果该金额为正数，则铁路运输企业获得收入；如果该金额为负数，则铁路运输企业需要支付款项。

2. ORCATS 程序分配

(1)输入列车时刻表信息。铁路结算计划有限公司实时更新列车时刻表的相关信息，包括：①始发站、终点站、中转站信息；②各车站使用时段信息；③各车站允许旅客乘降信息；④旅客列车服务的路线与车次编号；⑤列车舱位信息。

(2)运行 ORCATS 程序。记录系统计算的每类运价的分配比例，包括：①单程车票的全程运价；②往返车票的全程运价；③包含部分普通舱位的头等舱位单程价格；④包含部分普通舱位的头等舱位往返价格；⑤季票运价；⑥预定列车价格；⑦其他类型运价。

(3)更改 ORCATS 程序。一般情况下，票务及清算计划理事会(ticketing and settlement scheme council)授权铁路结算计划有限公司更改 ORCATS 程序。但紧急情况下，铁路结算计划有限公司可以立即做出更改，并事后申请授权；如申请授权被驳回，则已经做出的更改会立刻撤销。

3. 默认比例分配

若无 ORCATS 程序分配，运输企业的运价默认分配比例按照运输企业在上一个结算期内的运价贷方所占比例计算(以百分比表示)。

(三)英国铁路收入结算方式

1. 英国铁路运输企业需要提供的资料

(1)关于车票的资料

①车票的发行机构；②销售日期；③始发站、终点站(分区收费除外)信息；④分区收费地区的信息；⑤列车必须通过与禁止通过的

路线信息；⑥舱位等级；⑦运价类别；⑧向消费者收取的金额（包括增值税）；⑨支付手段信息（包括现金、支票、信用卡、权证等形式）；⑩车票是否为季票；⑪仅适用于特殊人群的折扣卡信息（如儿童等）；⑫车票包括的旅客权利信息；⑬售票的认证第三方信息等。

（2）关于折扣卡的资料

①折扣卡的发行机构；②销售日期；③折扣卡类别；④向消费者收取的金额（包括增值税）；⑤支付手段信息（包括现金、支票、信用卡、权证等形式）；⑥售票的认证第三方信息等。

（3）关于预订票的资料

①预订票的发行机构；②销售日期；③预订有效的车站；④向消费者收取的金额（包括增值税）；⑤舱位等级；⑥支付手段信息（包括现金、支票、信用卡、权证等形式）；⑦售票的认证第三方信息等。

（4）关于升级票的资料

①升级票的发行机构；②销售日期；③始发站与终点站；④列车必须通过与禁止通过的路线信息；⑤升级票的类别；⑥向消费者收取的金额（包括增值税）；⑦支付手段信息（包括现金、支票、信用卡、权证等形式）；⑧售票的认证第三方信息等。

（5）关于非运输产品的资料

①销售非运输产品的发行机构；②销售日期；③产品种类；④向消费者收取的金额（包括增值税）；⑤支付手段信息（包括现金、支票、信用卡、权证等形式）等。

（6）关于退款的资料

①退款窗口；②退款日期；③退款金额与抵免的增值税金额；④行政收费金额（包括增值税）；⑤退款所涉及的铁路产品；⑥与旅程有关的车站；⑦终点站（不包括分区收费）；⑧退款所涉及的地区；⑨列车必须通过与禁止通过的路线信息；⑩是否涉及预订票、季票、升级票等；⑪退款对象的姓名与地址；⑫支付手段信息（包括现金、支票、信用卡、权证等形式）等。

2. 应付账款额度的计算方式

(1)结算期、结算日和中期付款日

每年 12 月 31 日前,铁路结算计划有限公司确定下一年 4 月 1 日起的 12 个月内的结算期及中期付款日,并按照规范化格式书面通知铁路运输企业。

(2)中期付款金额

每个结算期的首日或之前,铁路结算计划有限公司均计算每个铁路运输企业在该结算期的历史结算金额,中期付款金额=(历史结算金额×70%)÷付款次数。

如果中期付款金额为正数,则铁路结算计划有限公司支付给铁路运输企业;如果该数值为负数,则铁路运输企业支付给铁路结算计划有限公司。铁路结算计划有限公司在每个结算期首日后的三个工作日内通知上述金额,并监督铁路运输企业在中期付款日支付款项。

(3)强制结算金额

铁路运输企业在结算期内的强制结算金额由铁路结算计划有限公司计算,强制结算金额=(RSP 应向铁路运输企业支付的金额－铁路运输企业应向 RSP 支付的金额)+(RSP 向铁路运输企业支付的中期付款－铁路运输企业向 RSP 支付的中期付款)+(RSP 应向铁路运输企业支付的拖欠款项－铁路运输企业应向 RSP 支付的拖欠款项)。

(4)补充结算金额

铁路运输企业在结算期内的补充结算金额由铁路结算计划有限公司计算,补充结算金额=(RSP 应向铁路运输企业结算的金额－铁路运输企业通过 RSP 向其他铁路运输企业结算的金额)－(坏账损失－RSP 收回的坏账损失)。

(5)最终支付金额

最终支付金额为强制结算金额与补充结算金额之和,每笔最终付款必须在结算期结束后的第一个结算日截止支付。

3. 违约责任

(1)铁路运输企业逾期付款

如果铁路运输企业未能在到期时支付应付铁路结算计划有限公司的任何款项,则必须就该逾期款项支付利息,期限从到期日开始。因逾期付款而造成的任何成本、损失、费用或负债均由铁路运输企业进行赔偿。

(2)发布欠款通知

从付款到期日之后的第五个工作日开始,铁路结算计划有限公司向铁路运输企业发布通知,明确逾期付款的金额、性质等信息;在铁路运输企业付清欠款以后,铁路结算计划有限公司负责在一个工作日内进行公示。

第三章 法国铁路运营管理模式研究

1997 年 2 月，按照法国 97-135 号法令，法国政府决定实行铁路网运分离改革，同时按照欧盟有关要求不断推动铁路运输市场开放政策。与其他国家相比，法国铁路网运分离改革政策出现反复，于 2015 年恢复了法铁集团的网运合一形式，并于 2018 年实现法铁集团的股份制改革。法铁集团经历了从网运合一到网运分离、再恢复网运合一的全过程，积累了一定的经验，能够为其他国家发展提供借鉴。本章着重介绍 20 世纪 90 年代以后法国铁路发展历程及现状。

第一节　发展历程

一、发展和改革背景

（一）铁路运输市场份额持续降低，货运市场份额严重下降

法国铁路占法国国内综合交通运输的份额，货运从 1984 年的 26.6%降至 1997 年的 16.5%，同一时期，法国铁路客运的份额也始终维持在 10%左右。在日趋严酷的综合交通运输竞争中，法铁经营能力不足的缺陷愈发凸显，导致法铁陷入严重的经营和债务危机。1984—1997 年法国货运各运输方式占比情况如图 3-1 所示。

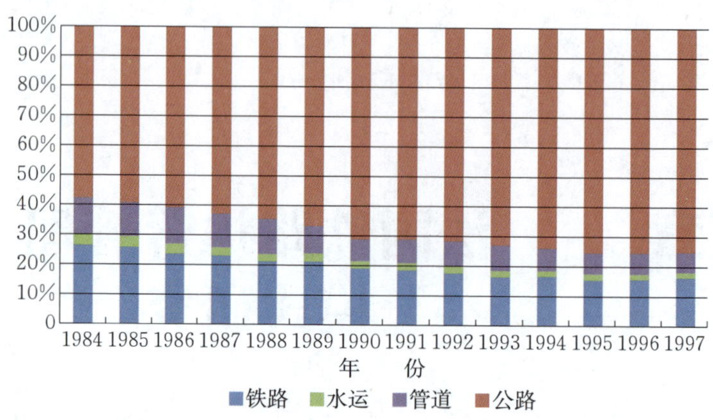

图 3-1 1984—1997 年法国铁路、水运、管道、公路货物周转量市场份额

（二）法铁公司享有国内铁路运输垄断权，但因缺乏改善经营的动力，导致债务激增

按照 1982 年法国“国内运输法”（LOTI）规定，法国国营铁路公司（简称“法铁公司”）是法国唯一一家铁路基础设施管理与铁路运输企业，拥有铁路运营管理垄断权。其中，法国大区（省级）政府开展具有公益性的大区内部运输服务时，只能由法铁公司或法铁公司授权的铁路运输企业提供服务。这一排他性垄断权持续至 2018 年运输法修订为止。

垄断经营的制度设计存在不良影响：①法铁公司与政府的关系始终未能理顺。法国政界长期奉行“服务公众”的政治理念，严格控制法铁公司的运价，并为了满足政治需要而建设运营了大量亏损线路。②法铁公司缺乏改善经营的动力。由于法铁公司的法律性质是国有工商机构（EPIC），按法律规定，无论负债额度多高都可以免于破产，因此法铁公司缺乏改善经营的动力。1993—1995 年，法铁公司的年均经营亏损超过 110 亿法郎，其中 1995 年更是达到 160 亿法郎。持续恶化的经营情况让法铁公司承担了巨额债务，至网运分离改革开始前的 1996 年底，法铁债务累计超过 2 080 亿法郎(约合 317 亿欧元),债务利息超过 150 亿法郎。

为了缓解法铁公司的债务危机,法国政府在 20 世纪 90 年代多次设法为法铁公司减轻债务。①1991 年 1 月成立政府特别债务账户(SDA),承接了法铁公司 380 亿法郎的债务;②1996 年拨款 490 亿法郎,用于减轻法铁公司债务压力;③1997 年 7 月,法铁公司实行网运分离之后,法国政府再度承接 200 亿法郎债务。其中,1996 年法国政府向法铁公司拨款的分配情况如图 3-2 所示。

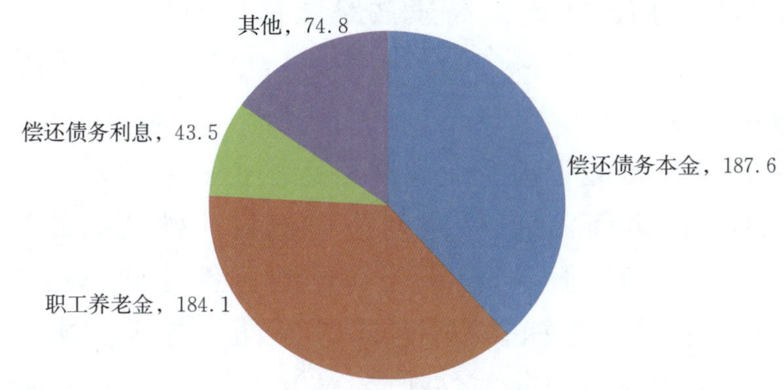

图 3-2　1996 年法国政府向法铁公司拨款的分配情况(单位:亿法郎)

根据欧共体 91/440/EEC 号指令的要求,1995 年,法铁公司开始在公司内部试行铁路基础设施管理职能与铁路运输职能的分类会计核算。同一时期,法国政府启动立法工作,为法国铁路运营管理模式改革提供法律保障。1997 年,法国国会相继批准 97-135 号等 4 项法令,决定实行铁路网运分离改革,并明确了改革后各大铁路公司的权责界面。

二、网运分离

(一)1997 年改革:实行完全的网运分离

1. 铁路基础设施管理企业和铁路运输企业的分离

1997 年 2 月 13 日,法国议会批准 97-135 号法令,新设法国铁路网公司(RFF)作为法国铁路基础设施管理企业,负责制定基础设施投资计划、管理与维护法国铁路网、设立列车运行基本原则等职能,并承接法铁公司 1 324 亿法郎的债务。法铁公司作为法国国内最大的铁路运输企业,开展铁路客货运输服务、铁路行车管理、基础设施维修养护等业务。

改革后,法国铁路网公司立即投入铁路投资与新建工作中,采用 PPP 方式先后启动 GSM(全球移动通信系统)铁路电信项目(2010 年签约)、南欧大西洋高速铁路项目(2011 年签约)、布列塔尼至卢瓦尔高速铁路项目(2011 年签约)、尼姆至蒙波利埃绕行铁路项目(2012 年签约)。

2. 铁路基础设施管理企业和铁路运输企业的关系

①路网准入方面,法国铁路网公司授权法铁公司使用铁路基础设施开展铁路运输服务,法铁公司向法国铁路网公司支付线路使用费、电力牵引费等相关费用,同时保证优先提供国家和大区(省级)政府要求的铁路公益性服务。②基础设施维修养护方面,法国铁路网公司不具备相关资质和能力,委托法铁公司内设机构——基础设施部(SNCF Infra)提供相关服务并支付费用。③行车调度指挥方面,法国铁路网公司不具备相关资质和能力,委托法铁公司内设机构——列车运行部(DCF)提供相关服务并支付费用。

3. 铁路基础设施收费的初始标准

法国 97-446 号法令规定,法国铁路网公司的铁路基础设施收费应基于铁路网高效使用等原则,结合高速铁路、城际线路、市郊铁路等不同等级线路的铁路基础设施实际使用成本,确定基础设施收费项目与标准。其中,收费项目应包括但不限于路网准入费、线路使用费等。

（二）1997 年改革带来的问题

1. 铁路建设债务负担进一步加重

1997 年改革的初衷之一，是希望将负债较多的铁路基础设施管理企业单独经营，降低负债对铁路运输企业的不良影响。但 1997 年改革只是将债务从一个企业转嫁到另一个企业，法国政府并没有改变铁路建设投资的固有习惯，仍要求法国铁路网公司投资各类非营利线路，导致整个铁路行业的债务水平不降反增。1997—2014 年，法国铁路网公司的负债总额从 1 324 亿法郎（约合 202 亿欧元）迅速增至 440 亿欧元，不得不依靠法国财政补贴维持正常经营。

2. 法国基础设施管理企业与铁路运输企业之间的部分权责不够明晰

1997 年改革后，法国铁路网公司虽然是铁路基础设施管理企业，但其并不具备铁路基础设施维修养护、行车调度指挥等经营资质和人员，因此只能委托法铁公司开展相关业务。这意味着法国铁路网公司一方面从法铁公司收取铁路基础设施使用费，但另一方面也要向法铁公司支付基础设施维修养护和行车调度指挥等相关费用。那么如果法国铁路网公司提高了铁路基础设施使用费，法铁公司为了保障自身利润总额不受影响，也可以提升基础设施维修养护和行车调度指挥费用，这就造成法国铁路网公司很难通过向法铁公司收费获得足额利润。此外，围绕基础设施运能分配等职能，两者分工也不够明确，缺乏一个更高的权力主体统筹协调两者矛盾。

3. 1997 年改革未能根本上挽救铁路行业的颓势

如图 3-3、图 3-4 所示，1997 年改革后，铁路旅客周转量与货物周转量所占份额并没有明显增长。其中，客运业务虽然有所增长，但所占市场份额却常年维持在 10％左右；货运份额从 2000 年开始显著下滑，成为法国铁路的薄弱环节。

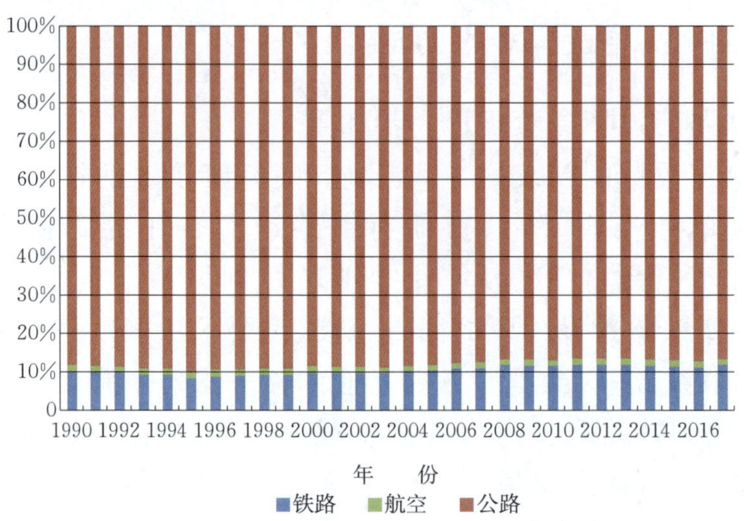

图 3-3 1990—2017 年法国铁路、航空、公路旅客周转量市场份额

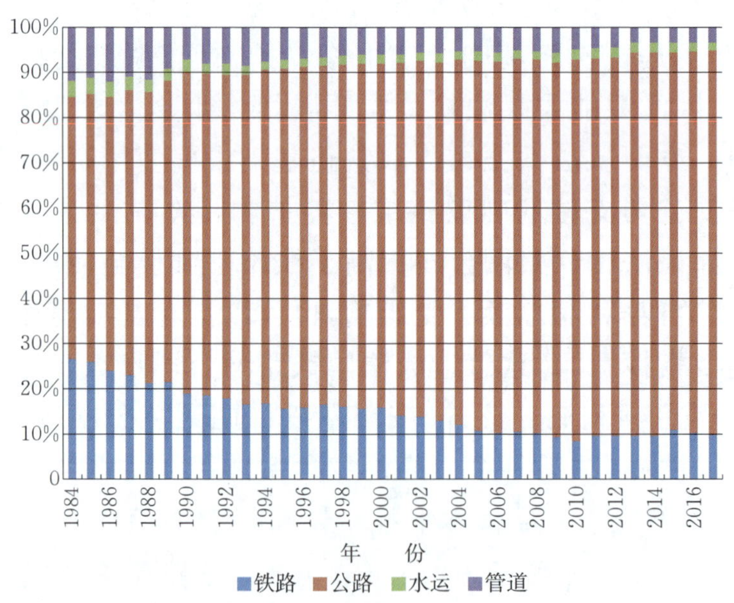

图 3-4 1984—2017 年法国铁路、公路、水运、管道货物周转量市场份额

（三）2014 年改革：回归网运合一并重组网运两公司职能

为了解决法国铁路网运分离以后的问题，2014 年 8 月，法国国会颁布“铁路改革法”，宣布将已经分离的网运两公司重组为一个企业集团。从 2015 年 1 月起，新设法铁集团公司（SNCF），全资控股原法国铁路网公司和原法铁公司；同时，原法国铁路网公司改名“法铁路网公司”（SNCF Réseau）、原法铁公司改名“法铁运营公司”（SNCF Mobilité）。三家公司均为国有工商机构，共同构成法铁集团（SNCF Groupe）。

从职能分工和权责界面看，法铁集团三家公司形成了互相协作、有序分工的企业集团。①法铁集团公司是法铁集团系统内的母公司，负责战略制定和实施、内部管理协调等。②法铁路网公司承接原法国铁路网公司的全部资产、债务和人员，并新增纳入了原法铁公司的基础设施部、列车运行部。法铁路网公司共履行铁路基础设施运能授权与分配、铁路基础设施收费机制的制定与执行、铁路行车调度指挥管理、铁路基础设施的维修养护与更新等四方面职能。③法铁运营公司承接原法铁公司的客运部（SNCF Voyageurs）、货运部（SNCF Logistique）职能，并控股城市交通网络公司（Keolis）、乔达物流公司（Geodis）等其他客货运输公司。此外，法铁运营公司还新设立了财务、人力资源、法务等职能部门，成为业务更为集中、职能更为完整的铁路运输企业。2014 年改革前后法铁组织机构变化情况如图 3-5 所示。

从改革影响看，2014 年改革仍遗留一些问题有待解决。①法铁集团的企业性质导致容易积累债务。法铁集团三家企业性质均属国有工商机构，无论资产负债率多高均不能破产，且不会被法院扣押相关资产，法铁集团新增债务的法律压力显著小于其他铁路企业。此外，作为国有工商机构，法铁集团不能辞退职工，导致职工队伍建设缺乏约束机制。②铁路公司债务负担并未得到有效化解。

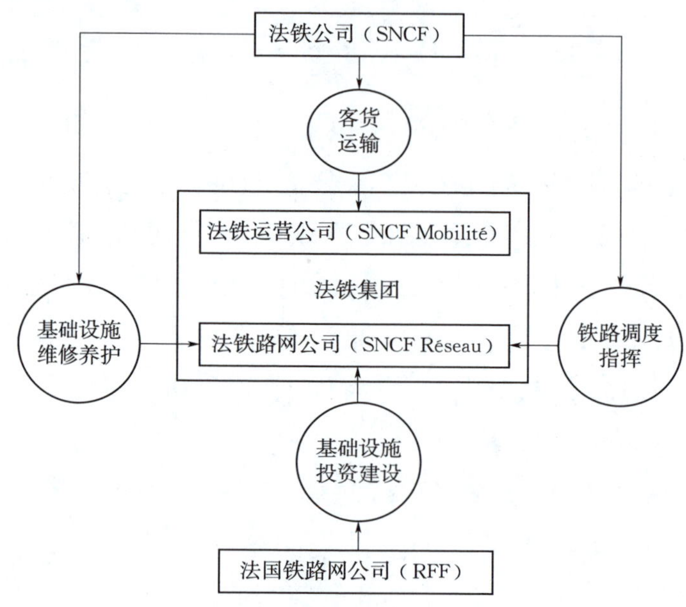

图 3-5　2014 年改革前后法铁组织机构变化情况

承接原法国铁路网公司的债务后，截至 2017 年年底，法铁集团负债高达 460 亿欧元，且债务总额以每年二三十亿欧元的速度增加，如不进行处理，预计到 2025 年会攀增至 600 亿欧元。③铁路基础设施运维成本不断升高。2000—2010 年，法国铁路基础设施维修养护成本仅为年均 10 亿欧元左右，但在 2015 年法国铁路行业网运合一后，由于原材料、人工费用等的提升，法国铁路基础设施维修养护成本提升到年均 27 亿欧元。与此同时，法铁集团的运营成本以每年超过 20%的速度增长。高额的投资和运维成本让法铁集团的运营管理更加困难。

专栏 3-1：法国铁路从网运分离回归网运合一

1997 年，为了提升铁路运营管理效率效益，降低铁路运营成本，法国政府实施网运分离改革。但经过十多年发展，网运分离改革不但没有提升铁路运营管理效率效益，反而进一步增加网、运等公司间的交易成本，导致内耗增加，铁路系统整体效率降低。法国政府因而开展 2014 年改革，重新将网、运两公司纳入同一控股公司的管辖范围内，法铁总部对网、运两公司开展统筹协调和监管考核，指导网、运等公司的战略发展，确保铁路系统整体效益保持最佳。

当然，网运合一并不意味着回归 1997 年以前的国营垄断体制，法铁集团的母公司作为控股公司，通过设立战略目标与财务目标，建立具有很强灵活性的战略管控型与财务管控型的集团化管控模式，确立下属网、运各公司的市场主体地位，促进铁路市场化程度不断提升。

（四）2018 年改革：法国铁路股份制改革

为了从根本上解决法国铁路行业的各项遗留问题，2018 年法国政府对法铁集团实行股份制改革，做出下列调整。

1. 改变企业的法律性质

2018 年改革将法铁集团公司、法铁路网公司、法铁运营公司的性质从国有工商机构转为国有股份公司（SA），接受法国“公司法”的管辖，防止企业债务规模无序增长。国有工商机构与股份公司之间的主要区别如下，见表 3-1。

（1）设立理念、适用法律与监管主体不同。国有工商机构是法国国会立法、由国家或地方政府设立的公共企业，践行“服务公众”理念，代替政府经营重要产业。法国国会需要为不同的国有工商机构单独立法，规定持有资产、专业属性与经营范围，超出法定范围开展经营会面临起诉。国有工商机构需要接受法国国务院所属国家监察机构的审核。股份公司是按照法国“商法”第 225 条设立的有限公司，以营利为目标，股东以出资额为限承担有限责任，可以自由选择业务板块。股份公司在法国各级法院与财政部的管辖范围内。

(2)企业高管选派方式不同。国有工商机构的决策机构为理事会(58-1136 法令第 1 条),由国家代表、专业技术人才、员工选举代表三部分构成。股份公司的决策机构是董事会,董事人数在 3～18 人之间,由股东委派。董事负责选举董事长和首席执行官。

(3)企业权利与责任不同。国有工商机构的资产不能被扣押,不设债务上限,不适用于法国"商法"第六卷第二章规定的重组和司法清算程序,不能公开上市。股份公司与国有工商机构的情况相反。

表 3-1 国有工商机构与股份公司的不同

企业形式	管辖法律	管辖主体	决策机构与人员构成理事会	企业权责
国有工商机构(EPIC)	单独立法	国家或地方政府	(1)国家代表; (2)拥有技术能力、可以推动公司创新,或代表消费者与用户的人员; (3)员工选举的代表,原则上必须占全体理事的三分之一	资产不能被扣押,不设债务上限,不适用于法国"商法"第六卷第二章规定的重组和司法清算程序,不能公开上市
股份公司(SA)	法国"商法"第 225 条	法国各级法院与财政部	董事会由 3～18 名成员组成,其中推选董事长	与上述相反

同时,法国政府规定,从 2020 年起新招聘的法铁股份公司职工不再具有原国有工商机构时代不被辞退的特权。

2. 分步承接铁路债务

对于法铁股份公司 470 亿欧元的债务,法国政府决定直接承担

350 亿欧元，占比 74.5%。具体实施上，法国政府 2020 年、2022 年先后承接 200 亿欧元、150 亿欧元。此举每年为法铁股份公司节省 1 亿欧元的财务成本。

具体看，原法铁集团历史债务的处置流程如图 3-6 所示，分为四个阶段。

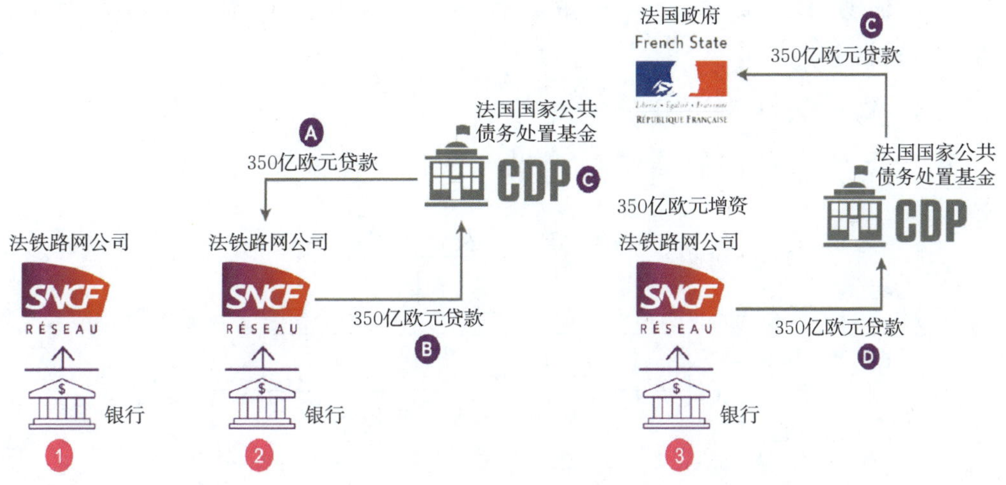

图 3-6　法铁债务处置流程示意

阶段一：由法国政府设置的法国国家公共债务处置基金（CDP）向法铁路网公司提供 350 亿欧元的虚拟贷款（非真实贷款）。

阶段二：法铁路网公司同时向法国国家公共债务处置基金以相同的条件提供完全一样的虚拟贷款 350 亿欧元（非真实贷款），这两项贷款的特征（到期日、利率等）完全复制了法铁路网公司金融债务（包括相关衍生品）的特征。

阶段三：法国政府启动债转股，将法铁路网公司负有的法国国家公共债务处置基金债务置换为国家股份，从而由法国政府取代法铁路网公司成为法国国家公共债务处置基金的债务人。

阶段四：法国国家公共债务处置基金持续向法铁路网公司支付贷款利息直至约定期限。

这种处理方式具有如下优势:①法铁路网公司大幅减少净负债,削减财务费用,达到上市公司要求的财务比率;②保持国家对铁路企业的绝对控制权,但避免国家政府直接承担过重的财政负担;③法国国家公共债务处置基金可以通过专业化、系统化的运作模式帮助法铁路网公司设置债务处置计划;④法铁路网公司可以持续获得法国国家公共债务处置基金的债权收益,事实上相当于获得国家给予的补贴。

3. 调整法铁旗下各公司业务

2018 年改革前后法铁组织机构变化情况如图 3-7 所示。

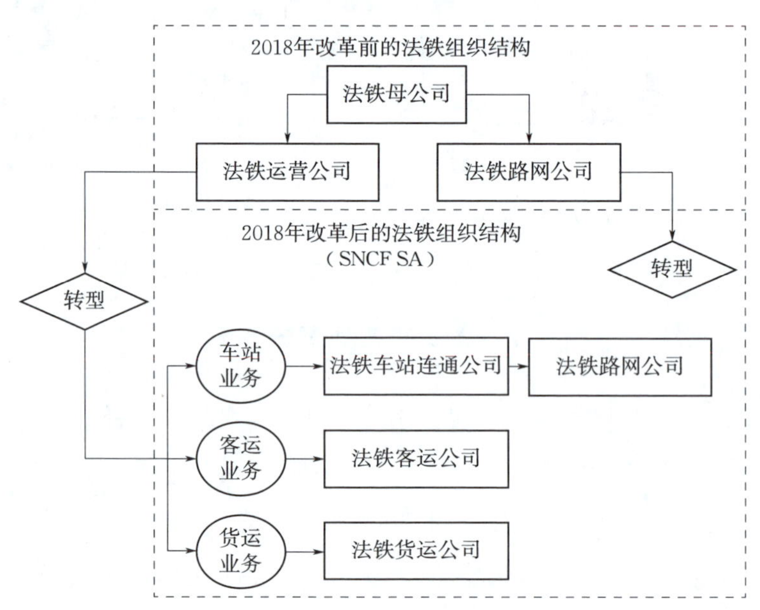

图 3-7　2018 年改革前后法铁组织机构变化情况

(1)集团母公司层面。原法铁集团的母公司——法铁集团公司解散,全部资产、债务与人员均划转给法铁运营公司;同时法铁运营公司改组为法铁股份公司(SNCF SA),成为法铁集团的母公司。

(2)铁路基础设施管理企业层面。法铁路网公司改组为股份公司,并成为法铁股份公司全资控股企业。同时,原法铁运营公司全资控股的法铁车站连通公司(SNCF Gares & Connexions SA)转为法铁路网公司全资控股。

(3)铁路运输企业层面。原法铁运营公司内设的客运、货运部门分别独立设立公司,成为法铁股份公司全资控股法铁客运(SNCF Voyageurs SA)、法铁货运(SNCF Fret)。同时,法铁股份公司继续控股城市交通网络公司(控股70%)与乔达物流公司(全资控股)等。

2018年法国铁路改革后的股权结构如图3-8所示。

图3-8　2018年法国铁路改革后的股权结构示意

三、铁路运输市场开放

(一)2007年与2010年开放

按照欧盟推进铁路运输市场开放的要求,法国铁路在2007年开放铁路货运市场。截至2021年,法国有32家铁路货运公司。

2010年法国开放铁路跨境客运市场,持有欧盟其他成员国牌照的铁路客运公司可以跨境使用法国铁路网。

(二)2018 年开放

按照 2018 年改革法案要求,法国政府从 2020 年起逐步实行国内铁路客运市场开放政策。①高速列车方面。从 2021 年起,向全部铁路运输企业开放法国高速铁路网。目前,西班牙国铁客运公司(Renfe Viajeros)已运营西班牙巴塞罗那至法国里昂的高铁列车。②大区快速列车(TER)方面。从 2024 年起,法国 13 个大区中 11 个大区(法兰西岛大区、科西嘉大区除外)的大区快速列车必须启动竞争性招标,每 10 年重新竞标一次。截至 2021 年,除了法铁客运公司外,还有 3 家新的铁路公司进入法国铁路客运市场。

四、改革后铁路行业发展情况

(一)法国国家铁路网发展

法国铁路改革以来,国家铁路网规模虽然呈缓慢下降态势,但电气化铁路比例逐步提升。1995—2019 年,法国国家铁路运营总里程从31 940 km下降至 27 483 km;其中,电气化铁路营业里程从13 799 km增至 16 655 km,比重从 43.2%增至 60.6%。

(二)法国铁路客货运输情况

客运方面,经过多次改革,法国铁路旅客运输的纵向对比情况有了明显的好转,旅客周转量从 1995 年的 583.9 亿人公里增至 2019 年新冠疫情暴发前的 1 019.9 亿人公里,累计增幅 74.7%。但是与公路、航空等国内其他旅客运输方式横向对比,铁路旅客周转量的份额长期维持在 10%左右,仅仅是保住以往的份额,连续多次改革并没有提振铁路客运市场份额。

货运方面,法国铁路货物周转量整体呈下滑趋势,从 1995 年的 465.6 亿吨公里下跌至 2019 年的 318.29 亿吨公里,累计降幅 31.6%。同时,与公路、水运、管道等其他货运方式横向对比,铁路货运占国内市场的份额也在不断下降。2014—2019 年，铁路货运市场份额总体维持在 10%左右，连续多次改革并没有给铁路货运带来实质性的改观。

1995—2022 年法国铁路客货周转量指标如图 3-9 所示，1990—2021 年法国国内各运输方式旅客周转量占比变化情况如图 3-10 所示，2014—2021 年法国国内各运输方式货物周转量占比变化情况如图 3-11 所示。

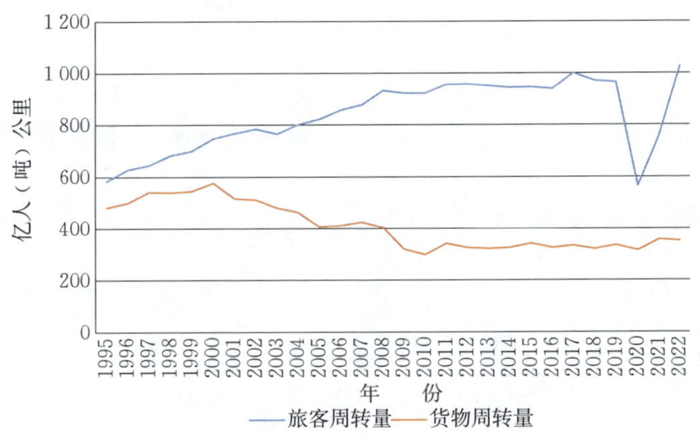

图 3-9 1995—2022 年法国铁路旅客周转量和货物周转量变化情况

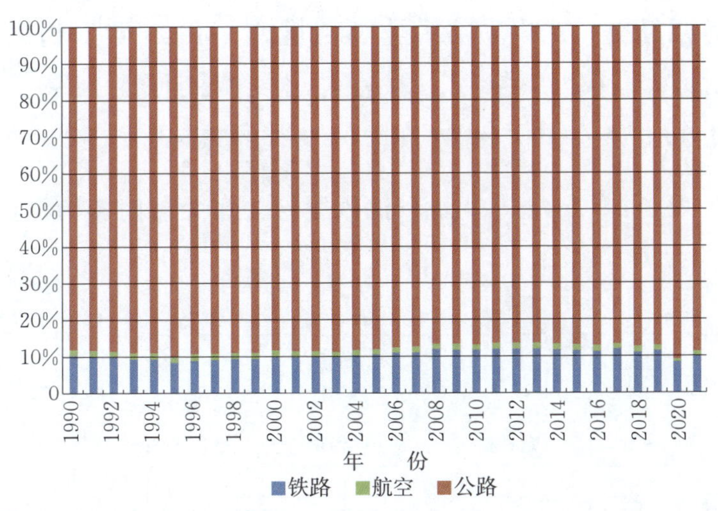

图 3-10 1990—2021 年法国国内各运输方式旅客周转量占比变化情况

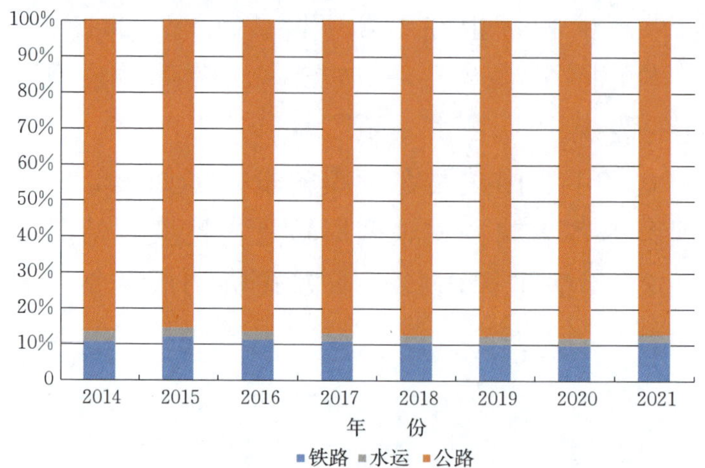

图 3-11 2014—2021 年法国国内各运输方式货物周转量占比变化情况

(三)法铁股份公司财务状况

2018 年改革后,法国政府累计承担 350 亿欧元负债,法铁股份公司的债务情况得到明显改善,企业盈利能力显著增强。①从负债情况看,2022 年法铁股份公司的资产负债率为 79.2%,比改革前 2018 年水平降低了 26.9 个百分点。②从收入情况看,2022 年法铁股份公司营业收入为 414.49 亿欧元,超出改革前 2018 年 333.11 亿欧元,增幅超过 24%。③从盈利情况看,2022 年净利润 25.16 亿欧元,超出改革前 2018 年 2.13 亿欧元,增幅超过 1 180%。2014—2022 年法铁股份公司关键财务指标变化情况见表 3-2。

表 3-2 2014—2022 年法铁股份公司关键财务指标

年 份	资产负债率		营业收入(百万欧元)		净利润(百万欧元)	
	法铁运营公司	法铁路网公司	法铁运营公司	法铁路网公司	法铁运营公司	法铁路网公司
2014 年	83.5%	102.5%	27 243	6 464	604	−193
2015 年	88.1%	115.9%	29 296	6 526	−2 187	−9 997
2016 年	87.9%	115.4%	30 517	6 441	511	−201

续上表

年　份	资产负债率		营业收入（百万欧元）		净利润（百万欧元）	
	法铁运营公司	法铁路网公司	法铁运营公司	法铁路网公司	法铁运营公司	法铁路网公司
2017 年	86.4%	114.7%	31 831	6 496	1 136	−120
2018 年	106.1%		33 311		213	
2019 年	109.0%		35 120		−773	
2020 年	90.1%		29 975		−3 030	
2021 年	88.2%		34 752		767	
2022 年	79.2%		41 449		2 516	

第二节　治理架构

截至 2023 年年末法国铁路治理架构如图 3-12 所示。

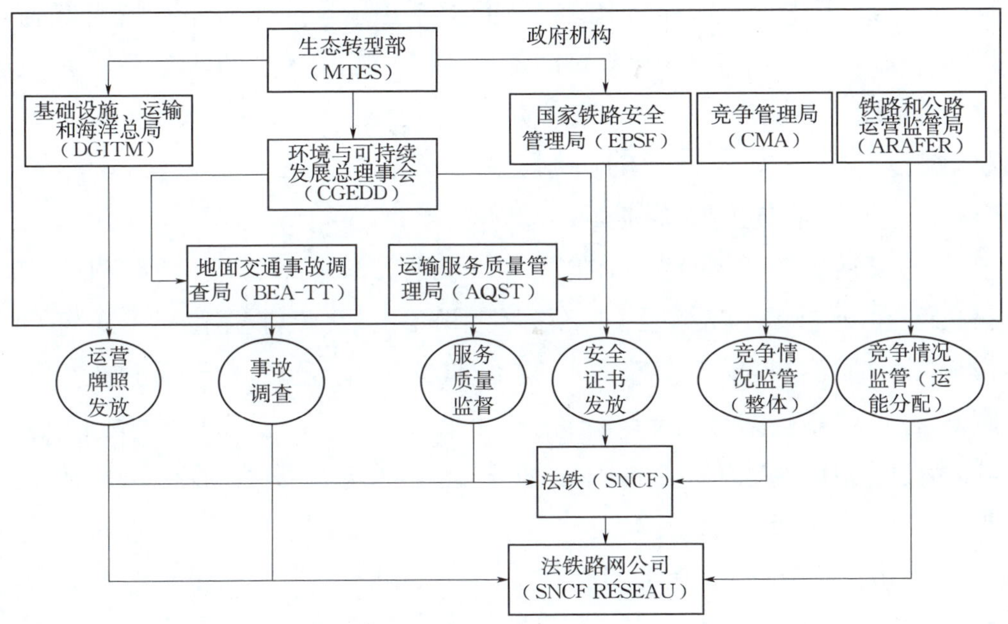

图 3-12　法国铁路治理架构示意

一、法国铁路监管主体与监管职能

(一)行业主管与牌照发放部门:生态转型部(MTES)

法国国家政府中,主管交通运输领域的部委是生态转型部,其中内设的基础设施、运输和海洋总局(DGITM)负责交通运输领域基础设施规划、运输政策制定、特许经营、安全保障等职能,其工作目标主要是统筹协调多种交通运输方式,实施有效的综合运输政策。此外,铁路运输企业申请运营牌照,也需要向基础设施、运输和海洋总局提交申请。

(二)安全监管部门:国家铁路安全管理局(EPSF)

1. 部门定位与主要职责

国家铁路安全管理局是法国国家铁路的安全管理机构,于2006年根据“运输安全和发展法”(2006年1月5日2006-10号法)成立,隶属于生态转型部,代表交通运输主管政府部门,依照与欧盟2004/49/EC号指令相一致的国家法律法规,行使法国国家铁路安全监管职能。该机构的基本职责主要包括安全证书颁发、安全监察、促进与欧盟安全管理的协调、参与安全相关规章及文件起草等。

2. 安全证书主要类别

国家铁路安全管理局在以下领域颁发安全证书:①铁路机车车辆的安全证书。包括铁路机车、客货车辆、高速动车组及用于基础设施维护的机械等。②铁路运输企业的安全证书。该证书认可铁路运输企业在全法国国家铁路网开展铁路客货运输服务的能力。③新线路和已运营线路的固定装置安全证书。④铁路基础设施管理人员的安全证书。

其中,铁路运输企业的安全证书还可以分为两类:①国家铁路安全管理局根据法国2006-1279号法令颁发的由A、B两部分构成的安全证书,可用于全体欧盟成员国。②国家铁路安全管理局根据法国

2019-525 号法令颁发的单一安全证书，只在法国境内有效。

（三）基础设施运能授权与收费监管部门：铁路和公路运营监管局（ARAFER）

铁路和公路运营监管局简称“铁公监管局”，最早于 2009 年设立，2019 年改为目前名称。在铁路行业，其主要职责包括：①保障铁路公共服务和竞争性业务的顺利运行。②监督铁路基础设施管理企业是否以公平、无歧视的方式对待全部铁路运输企业，并保障其享受相关服务。③为铁路运输市场开放和引入竞争创造条件。④监管铁路基础设施管理企业的投资建设成本，规范铁路基础设施收费项目和标准。

（四）铁路事故调查部门：地面交通事故调查局（BEA-TT）

地面交通事故调查局根据 2004 年“关于海难、地面运输事故后技术调查的法令”（2004-85 号法令）成立，由生态转型部内设的环境与可持续发展总理事会管理。该机构在事故发生后从多个角度开展独立调查，包括基础设施、运营、机车车辆、员工培训、医疗、法规方面等，尽快查明事故原因，总结经验教训，将事故调查和研究所得的知识和成果推广普及，避免类似事故再次发生。地面交通事故调查局拥有财政支持以确保任务执行和保证独立性。其职责与国家铁路安全管理局相互独立，是对国家铁路安全管理局职能的补充。

（五）铁路服务质量监管部门：运输服务质量管理局（AQST）

运输服务质量管理局隶属于环境与可持续发展总理事会。目标是帮助提高陆地（铁路和公路、城市和城际）、海上和航空客运的服务质量，向旅客提供规律性、实用性和高质量的客运信息，以明确和透明的方式向旅客通报客运服务质量的发展情况、旅客享有的权利及维权措施。

运输服务质量管理局的主要任务包括：建立和运作数据库，使公众能够获取关于运输方式的准时性和规律性的客观统计数据；检查旅客信息质量，帮助改善投诉处理或安排纠纷的调解，开展服务质量满意度调查等；管理与运输部门所有服务质量利益相关者；负责运输服务质量高级委员会秘书处和起草年度活动报告。

（六）其他机构：竞争管理局（CMA）

竞争管理局是法国国家政府内设的综合性市场监管机构，主要任务包括：①打击反竞争做法，发布紧急临时措施、禁令或罚款来压制反竞争做法，防止卡特尔和垄断的现象；②审查超过一定规模的兼并、收购、合资企业创建等；③提供咨询服务，主动对政府正在审议的提案或改革方案，或者任何值得公开辩论的竞争方面的问题发表意见；④规范受监管的法律职业，负责就在法国各地设立新的专业人员和定价问题向政府提供咨询意见。

二、法国主要铁路企业

（一）法铁股份公司及旗下子公司

目前，法铁股份公司旗下分设五大公司，如图 3-13 所示。

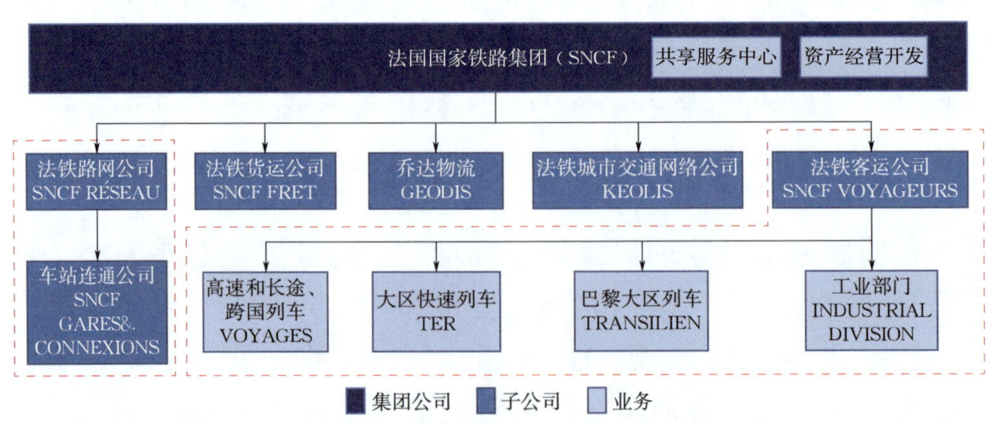

图 3-13　法铁集团组织结构示意

1. 法铁路网公司

法铁路网公司负责法国铁路网的工程、物资及运营养护等工作,是法国铁路基础设施的管理者,也是铁路系统的中枢,掌控着统一调度指挥与各条线路运输收入计算的职能。负责管理与更新维护法国 3 万 km 铁路网(包括 2 000 km 高速铁路),其中以既有线及巴黎大区的线路为重点。

法铁路网公司全资控股法铁车站连通公司。负责法国铁路车站的运营管理,确保铁路车站向运营部门提供便捷服务。

2. 法铁客运公司

法铁客运公司负责法国国内外的铁路旅客运输服务,主要包括公益性运输、商业性运输和其他服务 3 类业务内容。主要业务结构见表 3-3。

表 3-3 法铁客运公司业务结构

<table>
<tr><th>业务领域</th><th>业务内容</th><th colspan="2">涉及法铁客运公司的事业部</th><th>涉及法铁客运公司的子公司</th></tr>
<tr><td rowspan="3">公益性运输</td><td>国土均衡发展列车</td><td colspan="2">城际列车
(INTERCITÉS)</td><td>—</td></tr>
<tr><td>法兰西岛大区内部的旅客列车</td><td colspan="2">巴黎大区列车
(Transilien)</td><td>—</td></tr>
<tr><td>法兰西岛大区以外其他大区内部的旅客列车</td><td colspan="2">大区快速列车(TER)</td><td>Ritmx</td></tr>
<tr><td>商业性运输</td><td>高速和长途、跨境列车</td><td>运输业务</td><td>法国高铁
(TGV France/
INOUI/ OUIGO)</td><td>—</td></tr>
</table>

续上表

<table>
<tr><th>业务领域</th><th>业务内容</th><th colspan="2">涉及法铁客运公司的事业部</th><th>涉及法铁客运公司的子公司</th></tr>
<tr><td rowspan="4">商业性运输</td><td rowspan="4">高速和长途、跨境列车</td><td rowspan="3">运输业务</td><td>欧洲高铁（TGV Europe）</td><td>Eurostar，Westbahn，Lyria，Elipsos，TGV Italia，Thalys，Alleo</td></tr>
<tr><td>普速铁路长途列车</td><td>—</td></tr>
<tr><td>卢森堡—巴塞尔专列（Luxembourg-Basel Special trains）</td><td>—</td></tr>
<tr><td>分销业务</td><td>—</td><td>OUI. sncf，CRM Services，Rail Europe，Avancial，Rail Solutions</td></tr>
<tr><td rowspan="2">其他服务</td><td rowspan="2">工业部门</td><td colspan="2">设备业务</td><td>Masteris</td></tr>
<tr><td colspan="2">牵引业务</td><td>—</td></tr>
</table>

(1)公益性运输。主要是在都市间和大区（省级）内部开行，提供短途铁路运输服务，补贴主体为大区（省级）政府。主要包括城际列车、巴黎大区列车、大区快速列车等。

(2)商业性运输。指高速和长途、跨境铁路运输。主要是由法铁客运公司内设事业部（如 TGV France）或旗下子公司（如 Eurostar）等开行的高速和长途铁路旅客列车。其中普速铁路长途列车服务价格低，速度较慢，可以提供夜间长途列车，能够夕发朝至，同时还提供旅游产品的分销服务。

(3)其他服务。主要是向其他铁路运输企业提供设备租赁、机车牵引、钢轨生产等服务。

3. 法铁货运公司

法铁货运公司及其下属的子公司(Captrain France、Naviland Cargo、Captrain Europe、Forwardis 和 VIIA SNCF)负责铁路货运、多式联运和货运代理服务等。

4. 法铁城市交通网络公司

法铁城市交通网络公司负责为法国各地及法铁在意大利、比利时的承接地段提供公共运输服务,包括城轨、地铁、有轨电车、市域铁路等运营维护。

5. 乔达物流公司

乔达物流公司属于物流相关企业,主要经营物流等业务。

(二)其他铁路运输企业

截至 2021 年,除法铁股份公司下设的客货运输公司以外,法国铁路运输市场还有 4 家客运与 23 家货运公司正在开展或准备开展业务。其中,2020 年马赛经土伦至尼斯的大区快速列车开展竞争性招标,法国交通发展集团公司(Transdev)击败了法铁股份公司,成功获得该项公益性运输的服务权,将于 2025 年正式运营。

三、法国铁路基础设施管理企业、铁路运输企业的关系

(一)铁路基础设施运能授权中的服务与收费关系

法铁路网公司及所属的车站连通公司向铁路运输企业提供下列服务。

1. 主干线的最低服务

①基础设施运能申请的处理;②列车径路的分配;③与列车开行有关的服务,如控制路网上的开关与道岔、信号、交通管制、列车运行管理、危机局势的协调和管理等;④铁路供电系统的使用;⑤其他加强已分配基础设施运能的必要服务;⑥从法国铁路网通往其他

服务设施的准入许可。

2. 主干线的额外服务

①信息系统服务；②临时开放线路、车站、通信信号设备；③提供牵引电流，铁路运输企业可以选择各类供电主体，但必须接受法铁路网公司安装电力消耗表并收集、发送数据日志；④在需要情况下，可以帮助铁路运输企业协调和管理危机局势。

3. 附属与杂项服务

①跨境列车的可行性研究；②GSM 优先级服务；③提供指定无线电频道用于监测铁路运输企业所开行机车车辆的信息；④帮助铁路运输企业审查工作无线电频率；⑤铁路知识培训、咨询研究、数据开发等；⑥机车车辆兼容性研究服务。

（二）列车运行过程中的调度指挥权责分配关系

在列车调度指挥管理过程中，法国铁路运输企业与法国铁路网公司充分配合，根据法国铁路网基础设施的一般要求制定列车运行图，并确保列车的运行、变更与操作符合列车运行图要求。

1. 法国铁路运输企业的权责

①按照法铁路网公司的要求开展铁路运营工作。②每个铁路运输企业都需要指定单一联系人负责联系法铁路网公司。必要时，铁路运输企业可根据法铁路网公司设置的国家交通运营中心（CNOC，国家级）、运营交通管理中心（COGC，地区级）、运行部门（SC，地方级）三级管理中心分别指定联系人。③使用特定类型的机车车辆前，需要提前向法铁路网公司上报特定类型技术干预设备信息；及时向法铁路网公司上报线路、车辆开行等情况。

2. 法铁路网公司的权责

①路线设定（不包括能简单操作的安全设施）。②跟踪与排布列车运行图，大部分在运营交通管理中心进行。③开展安全监督，对事故和潜在安全风险采取预防措施。④危急情况的协调与管控。

第三节　运能分配机制

一、前置程序:铁路基础设施运能框架协议

法国铁路运输企业进入法国铁路网之前,必须与法铁路网公司签订铁路基础设施运能框架协议。

协议主要内容包括:①铁路运输企业保证最大效率使用铁路基础设施运能。②法铁路网公司满足铁路运输企业的合法商业性需求。③法铁路网公司满足旅客运输、货物运输和投资者(包括国家政府和其他公营、私营企业)的需求。④法铁路网公司保证不歧视地分配铁路基础设施运能。⑤法铁路网公司承诺开展足额的维修养护作业,提高铁路基础设施的安全性和使用效率。⑥铁路运输企业如希望获准进入跨境铁路货运走廊,法铁路网公司负责与其他国家铁路基础设施管理企业协调。

法铁路网公司定期与铁路运输企业重新审查框架协议,评估有无充分使用铁路基础设施运能。铁路运输企业如果超过一个月不能按框架协议规定使用一定比例的铁路基础设施运能,至少应提前一个月告知法铁路网公司;如未能提前告知,且超过一个月不能按框架协议规定使用一定比例的铁路基础设施运能,法铁路网公司有权在未来一段时间内降低分配给铁路运输企业的运能。

除了铁路基础设施运能框架协议外,铁路运输企业还可以视情况与法铁路网公司签订信息系统使用合同、铁路事故与损害管理议定书等文件,便于事先规范相关情况。

二、铁路基础设施运能负责部门和总体进度

法铁路网公司负责向铁路运输企业分配铁路基础设施运能,制定列车运行图,并向社会公布列车时刻表。

（一）运能分配负责部门

1. 销售部

销售部负责与铁路运输企业进行必要沟通，负责协助铁路运输企业与法铁路网公司签署相关合同、申请列车径路、开展铁路运输业务等。

2. 运能分配部

运能分配部负责尽可能满足大部分铁路运输企业对于列车径路的要求，同时确保有足够时间开展基础设施维修养护及新建铁路等工作。

3. 运能办公室和运营办公室

两个办公室负责处理铁路运输企业的临时列车径路申请（即所谓“最后一分钟”运能申请），其中，运能办公室负责在列车开行日之前7天至前1天17时之间的列车径路申请；运营办公室负责在列车开行日之前1天17时后至列车实际开行之前的列车径路申请。

（二）运能分配总体进度

1. 运能分配一般流程

为了更好地开展铁路基础设施运能分配工作，法铁路网公司的基础设施分配工作从运营开始年的前5年就已经启动，一直持续到运营开始年前1年的12月。主要可以分为以下四个阶段：

(1)铁路基础设施运能结构研究阶段（运营开始年前5年至前2年的4月）。该阶段法铁路网公司的主要目标是研究构建法国铁路基础设施运能结构，确定运能分配原则，并预留出基础设施维修养护工程的时间。其中，法铁路网公司需要根据以往的运能需求和市场预测需求建立一个参考性质的列车运行图，即所谓“两小时时刻表”，以便找到暂时不需要开行列车的线路和时段，为基础设施维修养护工程预留时间。

(2)铁路基础设施运能预分配阶段(运营开始年前 2 年的 5 月至 12 月)。该阶段法铁路网公司的主要目标是在“两小时时刻表”的基础上,与全部铁路运输企业进行商议,制定一份“24 h 列车径路目录”,作为法国铁路网的标杆日列车运行图。其中,纳入目录的旅客列车径路每周至少开行 4 天、每年至少开行 25 周,货物列车径路每周至少开行 3 天、每年至少开行 20 周。

(3)铁路基础设施运能分配实操阶段(运营开始年前 2 年的 12 月至运营开始年前 1 年的 9 月)。该阶段法铁路网公司的主要目标是在“24 h 列车径路目录”的基础上,向每一个具体的列车运行日开展铁路基础设施运能分配。其中,如铁路基础设施情况产生变化、需要预留维修养护时间,法铁路网公司需要与受到影响的铁路运输企业协商调整列车径路和运行时间;对于铁路运输企业提出的新开列车径路申请,如果该列车径路与其他旅客列车、货物列车运行前后 10 min、30 min 区间内不存在冲突,可以新开列车。

(4)铁路基础设施运能分配调整阶段(运营开始年前 1 年的 9 月至 12 月)。该阶段法铁路网公司仍然可以接收铁路运输企业新增、变更或取消开行列车的申请,但在新增开行列车方面不承诺满足铁路运输企业的要求。另外,如果铁路运输企业是因自身原因变更或取消开行列车,法铁路网公司可以按规定收取一定比例的惩罚性服务费。

此外,在每个列车开行日之前,铁路运输企业仍然可以新增、变更或取消开行列车,但在新增开行列车方面不承诺满足铁路运输企业的要求。具体申请日程见表 3-4。

表 3-4　列车时刻表调整的常规申请

最迟申请时间	申请事项	法铁路网公司的回复期限
列车开行日前 40 天以前	新增列车径路与日数(在未完成安全审查的情况下)	30 个自然日内

续上表

最迟申请时间	申请事项	法铁路网公司的回复期限
列车开行日前 8 天以前	新增列车径路与日数(在已完成安全审查的情况下)	5 个工作日内
列车开行日前 8 天以前	变更列车径路与日数	30 个自然日内(保证在列车开行日前)
随时	因特殊运单而变更列车径路	30 个自然日内
随时	因列车性质而变更列车径路	尽快
随时	临时取消列车径路	24 h 内

2. 跨境列车运能分配的特殊要求

铁路运输企业开行跨境列车,除了满足上述运能分配的一般要求,还需要委托法铁路网公司开展三项工作:①开展跨境列车运输可行性研究;②与邻国铁路基础设施管理企业进行协调,辅助铁路运输企业通过欧洲列车径路协调系统(PCS)提交相关列车开行申请;③与邻国铁路基础设施管理企业协调边境站的作业时刻表。

三、列车调度管理机制

(一)列车调度管理层级

法铁路网公司对列车调度管理实行分层管控原则,主要包括全国交通运营中心、地区运营交通管理中心、调度所三个层级。

1. 全国交通运营中心。负责监测整个法国铁路网,并对地区运营交通管理中心的申请做出回馈。如发生可能影响多个地区铁路的重大事件时,该机构有权直接干预,并协调国家政府采取紧急措施。

2. 地区运营交通管理中心。负责对调度所的申请做出回馈,启动干预进程,如有必要,该机构有权变更列车行驶方向、阻止列车继续行驶、呼叫外部援助、发出警报等。如果列车延误,列车司机也可以直接联系该机构。

3. 调度所。负责列车实际调度工作，与列车司机实时保持联系，确保列车实际运行与运行图吻合。如发现存在较大差异，应根据权限做出反应，并及时向地区运营交通管理中心报告相关情况。

(二)正常情况下的调度管理流程

1. 收发列车准备就绪声明。列车开行前，需要向法铁路网公司提交“列车准备就绪”声明，表明可以按照列车运行图的要求开行列车。但如果没有做好准备，铁路运输企业必须及时汇报“列车未准备就绪”声明。

2. 检查铁路基础设施是否具备运输条件。如相关铁路基础设施无法保证列车以最大载荷通过，或出现其他可能影响列车运输的问题时，法铁路网公司应及时告知铁路运输企业并采取措施。

3. 设定迂回径路。为避免法国铁路基础设施的可能问题带来列车停运，法铁路网公司应为每一条列车径路准备可替代的迂回径路，以满足列车随时转换路线、完成运输任务的需求。铁路运输企业使用的机车车辆应满足迂回径路铁路基础设施的通过要求。

(三)非正常情况下的调度管理流程

如列车之间或列车与维修养护工程之间发生或可能发生冲突时，应遵守如下调度管理原则：

1. 列车之间的优先级。如列车径路之间发生或可能发生冲突时，列车应按照以下优先级通行：①正点列车优先；②速度等级较高的列车优先；③旅客列车优先；④跨境列车优先。如果上述标准均无法区分有冲突的列车，则需要按照图定列车顺序排布。

同时，在部分特殊情况下，运输以下货物的货运列车也可以得到一定程度的优先考虑，如运输新鲜食材等生活必需品、医疗用品、核废料等危险物质的列车。

2. 列车与维修养护工程之间的优先级。为了保障铁路基础设施安全可靠,维修养护工程优先于列车。除了清障工程车外,工程车不能在列车之间运行。

3. 列车待避的处理方式。如因紧急情况造成图定列车径路和迂回径路均无法使用时,法铁路网公司会让部分列车待避,并联络后续恢复行车事宜。列车径路和运行时间的编号在待避后的18 h内依旧有效,超出时间则需要分配一个新编号。

4. 重大事故导致运能限制。如有重大事故限制基础设施运能,不能允许所有图定列车通过,法铁路网公司需要计算所有可用于替代的迂回径路,并将剩余运能按需求比例分配给铁路运输企业;如果铁路运输企业在规定时间内未做出选择,法铁路网公司有权自主排布列车。

(四)铁路危机事件的管理

法铁路网公司将铁路事故程度分为1～6级(从低到高)。从2级开始认定为危机事件,并开设一个或多个危机管理室,确定危机管理的方向,判断恢复铁路运营的时间,以及采取何种措施尽可能降低危机事件对于客货运输的影响。危机管理室分为区域级和国家级,均由法铁路网公司派遣负责人,并吸纳铁路运输企业代表共同开展工作。

危机发生时,法铁路网公司与铁路运输企业必须立即采取必要措施,确保司乘人员、旅客、救援队等多方安全,并将可以继续投入危机管理中的人力、物力、技术资源等信息上报给地方政府。

第四节　基础设施收费机制

按照欧盟2012/34/EU号指令要求,法国国会颁布2003-194号法令,对法铁路网公司的基础设施收费机制建设目标进行了如下规定:①确保法铁路网公司的财务状况良好。②确保各类铁路运输企业能够公平、无歧视地使用法国铁路基础设施。③鼓励法铁路网公司提高铁路基础设施使用效率。④推动铁路运输企业科学高效地使用铁路基础设施。按照这些目标要求,法铁路网公司主要向铁路运输企业收取两类费用,具体情况如下。

一、基础服务费

基础服务费是指铁路运输企业使用铁路基础设施需要缴纳的直接费用,主要包括以下六部分。

(一)线路使用费(RC)

1. 收费用途:用于弥补铁路基础设施维修养护和大修更新成本。

2. 收费标准:每人或每吨公里单价×过轨吨位×法国铁路网干线行车距离+每列车公里单价×法国铁路网干线行车距离。

2022 年列车时刻表的线路使用费单价见表 3-5。

表 3-5 2022 年列车时刻表的线路使用费单价

类别	每千人公里单价/每千吨公里单价(欧元)		每列车公里单价(欧元)	
	2~6 级线路	7~9 级线路	2~6 级线路	7~9 级线路
客运收费情况	3 235	1 530	436	436
货运收费情况	5 884	—	240	—

(二)电力牵引收费(RCE)

1. 收费用途:用于弥补电力设备维修养护和更新改造成本。

2. 收费标准:电力牵引单价×法国铁路网干线上的电力牵引距离。其中,2022 年的电力牵引单价为 307 欧元/列车公里。

（三）弥补电力系统损耗费（RCTE-A）

1. 收费用途：用于弥补从变电站到列车检测点的电力系统损耗成本。

2. 收费标准：电力列车公里的电力损耗单价×运行距离。

（四）市场费用（RM）

1. 收费用途：用于回收不同地区、不同线路等级的铁路基础设施建设投资。

2. 收费标准：每条铁路线路每公里的市场单价×国家铁路网基本路段长度。

其中，每条铁路线路每公里的市场单价根据法国13个大区的地理位置不同、运输类型不同、线路等级不同、列车开行时间不同等情况而有所变化，由法国铁公监管局根据铁路运输企业承受能力确定。

（五）准入费用（RA）

1. 收费用途：用于回收不同地区、不同线路等级的铁路基础设施建设投资。仅向提供公益性铁路客运的铁路运输企业收取。

2. 收费标准：根据公益性铁路客运服务情况设定准入费用。2022年，法铁路网公司在全国13个大区（省级）收取准入费用21.89亿欧元。

（六）特殊费用（RP）

1. 收费用途：针对特定线路的投资成本或亏损收取使用费。目前包括“蒙泰罗列-比希—蒙特维莱”段货运列车使用费、通过阿尔卑斯山到“圣皮埃尔-达尔比尼—莫达讷·弗龙蒂耶尔”线路的背驮式走廊上的列车使用费、5300A“Pasilly-Le Creusot”段和

53003B"Le Creusot-M-con"段电气化列车使用费等6项特殊费用。

2. 收费标准:弥补特定线路的铁路基础设施产生的投资成本或运营亏损。

除去上述费用外,法铁客运公司还可以根据实际情况收取特殊费用,包括使用侧线的费用、编组站驼峰运行费用、联运码头使用费、货场使用费等。

二、附加和辅助服务费等

(一)主干线的附加服务费

主干线的附加服务费主要包括信息系统服务费、紧急情况协调处理费、电力牵引附加费等。

(二)主干线的辅助服务费

主干线的辅助服务费主要包括跨境可行性研究费、超大体积等特殊货物运输研究费、使用GSM-R额外电信服务费、接入和使用无线电监控频道费、无线电频率兼容性研究和认证费用等。

(三)杂项服务收费

杂项服务收费主要包括电网传输和分配牵引电量的成本及相关费用(RCTE-B部分),培训、咨询、数据、机车兼容性研究等相关费用。

(四)车站收费

车站收费主要包括基本车站费、闸机使用费、跨英法隧道的特殊车站费等。

第五节　运价机制

一、法国铁路管制运价情况

客运方面，法国政府将城际列车、巴黎大区列车、大区快速列车列入铁路公益性运输范围，并由不同的授权主体确定运价。其中，城际列车的运价由法国国家政府与法铁股份公司商议后公布，巴黎大区列车、大区快速列车由各大区（省级）政府与法铁股份公司商议后公布。

货运方面，法国政府对货运运价实行市场调节价。

二、法国铁路客运非管制运价机制

（一）客运非管制运价的公布价格

法国铁路非管制客运公布价格分为一等座和二等座两类，一等座以二等座正常运价的1.5倍计算。此外，4～12岁儿童乘坐法铁旅客列车享受50%运价折扣，4岁以下婴幼儿出行无需座位。法铁客运公司非管制基准运价见表3-6，根据公里数实行递远递减的累进运价机制。

$$P = a + b \times d$$

其中，P为公布价格，a为基准价（欧元），b为每公里价格（欧元/km），d为里程（km）。

表3-6　法铁客运公司非管制的公布价格

d:里程(km)	a:基准价(欧元)		b:每公里价格(欧元/ km)	
	一等座	二等座	一等座	二等座
1～16	1.167 2	0.778 1	0.291 6	0.194 4
17～32	0.375 5	0.250 3	0.324 8	0.216 5

续上表

d:里程(km)	a:基准价(欧元)		b:每公里价格(欧元/km)	
	一等座	二等座	一等座	二等座
33～64	3.105 9	2.070 6	0.239 6	0.159 7
65～109	4.333 7	2.889 1	0.223 4	0.148 9
110～149	6.129 6	4.086 4	0.213 8	0.142 5
150～199	12.130 7	8.087 1	0.179 0	0.119 3
200～300	11.636 6	7.757 7	0.181 4	0.120 9
301～499	20.477 1	13.651 4	0.154 5	0.103 0
500～799	27.667 4	18.444 9	0.138 2	0.092 1
800～9 999	48.306 2	32.204 1	0.113 3	0.075 5

注:里程向上取整。

(二)客运运价的优惠政策

1. 预订特价(prem's)、二等座(seconde)、一等座(première)座席

提前预订座席可以获得一定的优惠价格。该类预订仅提供电子车票。

2. TRIBU套票

TRIBU套票为4～7人的团体车票,票价总额可以减少25%,但一部分种类的列车不在TRIBU套票涵盖范围内。该类预订仅提供电子车票。4～12岁的儿童不能预订TRIBU套票,仅享受50%的运价折扣。

3. 优惠卡(avantage carte)

法铁客运公司发行的预付乘车卡,为经常乘坐高速铁路、普速铁路长途列车的旅客提供优惠运价,也可以减少跨境客运路线的费

用，但不能减少 OUIGO、普速铁路长途列车 100%ECO 等列车的费用。优惠卡分为老年人卡、青年人卡、家庭卡、周末卡 4 种类型，办理费用均为 49 欧元（补卡为 15 欧元），乘坐不同列车有着不同的运价规定。法铁客运公司发行的优惠卡种类与优惠情况见表 3-7。

表 3-7　法铁客运公司发行的优惠卡种类与优惠情况

<table>
<tr><th>卡片种类</th><th>适用年龄</th><th>折扣规定</th><th>其他规定</th></tr>
<tr><td>老年人卡</td><td>60 岁以上</td><td rowspan="2">国内：30%折扣（高速铁路、普速铁路长途列车），大区快速列车参考地方规定；
跨境班列：保证折扣</td><td rowspan="2">随行 4～12 岁儿童享受 60%折扣</td></tr>
<tr><td>青年人卡</td><td>12～28 岁</td></tr>
<tr><td>家庭卡</td><td rowspan="2">27～60 岁</td><td rowspan="2">30%折扣（高速铁路、普速铁路长途列车、跨境班列），大区快速列车参考地方规定</td><td rowspan="2">该折扣仅用于包含周末的往返旅程；
4～12 岁儿童享受 60%折扣；
随行 12 岁以上享受 30%折扣</td></tr>
<tr><td>周末卡</td></tr>
</table>

4. 自由卡（liberté carte）

使用自由卡可以折扣价享受所有法铁客运公司的收费线路，自由卡可供 12 岁以上人员使用，年费 399 欧元（补卡 20 欧元），降价百分比如下：

（1）预订座位的高速铁路、普速铁路长途列车。一等座、二等座享受 45%的折扣，随行儿童享受 50%折扣（3 人以内）。

（2）不预订座位的普速铁路长途列车。享受 50%折扣，随行儿童享受 50%折扣（3 人以内）。

（3）跨境列车。一等座享受 45%折扣，二等座享受 60%折扣，随行儿童享受50％折扣（3人以内）。

5. 欧洲铁路通（EU rail pass）

使用欧洲铁路通可以乘坐大多数欧洲铁路，仅以电子客票形式发行。

6. 高速铁路运价优惠

（1）住宿往返。只在某些指定的高速列车的二等座开展住宿往返折扣，且旅客工作日至少在目的地停留两晚，周末至少在目的地停留一晚。住宿往返车票必须事先预订且不能改签、不能退款。

（2）ECO优惠。部分指定的高速列车在指定日期会提供ECO优惠，往返于法国东部至大西洋、法国东部至法国东南部、巴黎至卢森堡、卢森堡至法国东南部及巴黎至里尔等高速铁路线路的旅客均有机会享受优惠。

7. 短途铁路运输特殊运输服务的运价优惠

“发现”（Découverte）系列车票：分别为“发现12～25”“发现老年人”“发现儿童＋”，在各等级普通运价的基础上打折25％。

8. 普速铁路长途列车的运价优惠

（1）普速铁路长途列车100％ECO优惠。在指定日期与指定路线启用的特价普速铁路长途列车，一般是为了调节季节性客流而采用，车票只能在网络或移动端销售。价格比常规普速铁路长途列车运价更便宜。特价普速铁路长途列车允许4～12岁儿童、军人、大家庭、残疾人享受双重折扣，不允许退款。

（2）欢乐时光（happy hour）计划。部分普速铁路长途列车会在平峰期开辟一部分座位开展欢乐时光计划，旨在将部分闲置的二等座予以更多应用，车票只能在网络或移动端销售。欢乐时光的优惠不能与法铁客运公司提供的其他优惠同时使用，不允许退款。

9. 特殊人员的运价优惠

特殊人员的定义与运价优惠见表3-8。

表 3-8　特殊人员的定义与运价优惠

<table>
<tr><th>序号</th><th colspan="2">优惠人群</th><th>优惠人员与定义原则</th><th>一般折扣</th></tr>
<tr><td rowspan="3">1</td><td colspan="2" rowspan="3">军人与改革战争养老金领取者</td><td>现役军人</td><td>75%</td></tr>
<tr><td>军人家属</td><td>25%～50%</td></tr>
<tr><td>改革战争养老金领取者</td><td>50%～75%</td></tr>
<tr><td rowspan="4">2</td><td colspan="2" rowspan="4">至少有三个未满18岁孩子的家庭</td><td>3个孩子</td><td>30%</td></tr>
<tr><td>4个孩子</td><td>40%</td></tr>
<tr><td>5个孩子</td><td>50%</td></tr>
<tr><td>6个孩子</td><td>75%</td></tr>
<tr><td rowspan="2">3</td><td rowspan="2">热门往返车票</td><td>年假人员</td><td>带薪休假人员及配偶、21岁以下子女</td><td>25%</td></tr>
<tr><td>弱势群体</td><td>养老金领取者、退休人员、丧偶者、战争遗孤</td><td>根据实际情况发放折扣</td></tr>
<tr><td>4</td><td colspan="2">残疾人及其随行人员</td><td>持官方颁发的残疾卡及随行人员</td><td>根据残疾性质减免费用、免费升座</td></tr>
<tr><td>5</td><td colspan="2">通勤人员</td><td>通勤往返(75 km以内)的有社会保险的员工、手工行业的带薪学徒</td><td>—</td></tr>
<tr><td>6</td><td colspan="2">学生</td><td>中小学生:21岁以下;
大学生及研究生:26岁以下;
学徒:23岁以下</td><td>原则为50%</td></tr>
<tr><td>7</td><td colspan="2">儿童游乐团体</td><td>市政或慈善机构资助15岁以下的10～99人团体开展教育旅行或度假</td><td>20%～75%不等</td></tr>
</table>

三、法国铁路货运运价机制

目前，法国政府对铁路货运实行市场化运价。以法铁货运公司为例，其货运运价一般包括三部分内容：①一般货物计费或特殊货物（包含危险品）计费，这是运价的主要部分；②其他服务费用，根据实际发生情况具体收费；③机车车辆修理站或报废站使用费。

（一）一般货物与特殊货物计费方法

法铁货运公司根据以下情况确定不同的收费标准：①按一般货物或特殊货物（包含危险品）的不同分类收费；②根据货车轴数的不同分类收费。具体收费标准见表 3-9。

表 3-9　2021 年法铁货运公司货运运价

单位：欧元/车

运距（km）	一般货物计费		特殊货物（包含危险品）计费	
	双轴货车	四轴货车	双轴货车	四轴货车
60	770	1 099	1 363	1 946
70	797	1 138	1 411	2 015
80	824	1 177	1 459	2 083
90	851	1 216	1 507	2 152
100	878	1 255	1 555	2 221
120	933	1 332	1 651	2 358
140	987	1 410	1 748	2 496
160	1 041	1 488	1 844	2 633
180	1 096	1 565	1 940	2 771
200	1 150	1 643	2 036	2 908
220	1 204	1 721	2 132	3 046
240	1 259	1 798	2 229	3 183

续上表

运距(km)	一般货物计费		特殊货物(包含危险品)计费	
	双轴货车	四轴货车	双轴货车	四轴货车
260	1 313	1 876	2 325	3 320
280	1 368	1 954	2 421	3 458
300	1 422	2 031	2 517	3 595
320	1 476	2 109	2 613	3 733
340	1 531	2 187	2 710	3 870
360	1 585	2 264	2 806	4 008
380	1 639	2 342	2 902	4 145
400	1 694	2 420	2 998	4 283
420	1 792	2 560	3 172	4 530
440	1 847	2 639	3 270	4 671
460	1 903	2 719	3 369	4 812
480	1 959	2 798	3 468	4 953
500	2 015	2 878	3 566	5 094
550	2 154	3 077	3 813	5 446
600	2 293	3 276	4 059	5 798
650	2 432	3 475	4 306	6 151
700	2 572	3 674	4 552	6 503
750	2 711	3 873	4 799	6 855
800	2 850	4 072	5 045	7 207
850	2 990	4 271	5 292	7 559
900	3 129	4 470	5 539	7 911
950	3 268	4 669	5 785	8 264
1 000	3 407	4 868	6 032	8 616
1 100	3 686	5 266	6 525	9 320
1 200	3 965	5 664	7 018	10 025

续上表

运距(km)	一般货物计费		特殊货物(包含危险品)计费	
	双轴货车	四轴货车	双轴货车	四轴货车
1 300	4 243	6 062	7 511	10 729
1 400	4 522	6 460	8 004	11 433
1 500	4 800	6 857	8 497	12 138

表 3-9 的使用遵守下列原则：①运距的计算，根据法铁货运公司提供的货运站目录的车站间距离计算；②执行四舍五入原则，每辆货车载重量四舍五入至 0.1 t；③每车价格均单独计算；④每车价格一般包含货车租赁费，如果使用法铁货运公司以外的货车，单位价格将乘以 80%优惠系数。

2021 年，法铁货运公司每车公里运价随运距变化情况如图 3-14所示。法铁货运公司的一般货物与特殊货物计费均存在“递远递减”效应。以一般货物(双轴货车)计费为例，每车公里运价从运距 100 km 时的 8.78 欧元降低至运距 1 000 km 时的 3.41 欧元，降幅为 61.2%。

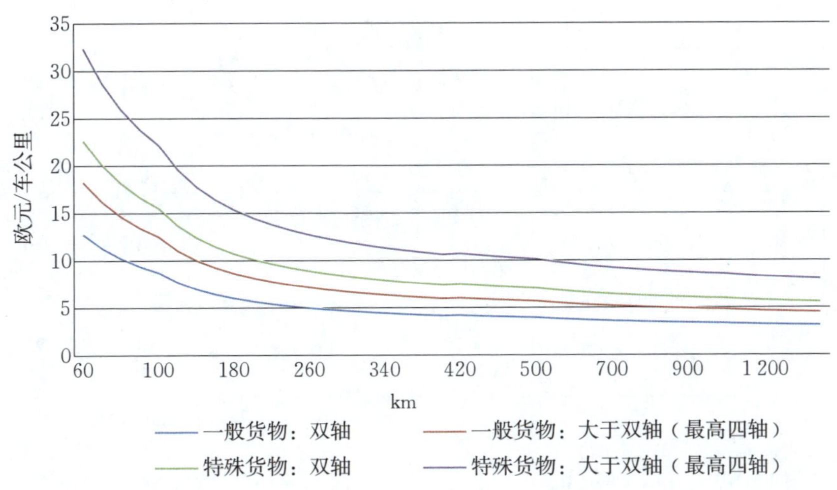

图 3-14　2021 年法铁货运公司每车公里运价随运距变化情况

（二）其他服务费用

2021 年法铁货运公司货运其他服务费用见表 3-10。

表 3-10　2021 年法铁货运公司货运其他服务费用

大类	服务内容	价格确定方式	数　额
一般销售与运输条款	阻碍运输的任何额外费用	实际发生成本＋10%管理费	最高 763 欧元/批次
	因计数错误导致需要重新开具发票的费用	如果反复出错，费用可以累加	103 欧元/批次
	修改车辆使用合同的费用	—	163 欧元/车
货车车辆使用	必须由法铁货运公司以外的另一家铁路公司提供货车	—	109 欧元/车
	因没收、处罚导致货车订单改动	—	42 欧元/车
	货车清洁不干净导致的清理费	—	1 121 欧元/车
	在车站中途停留	—	15 欧元/(车・日)
	管理员要求停驻	从要求停驻到允许使用为止	100 欧元/车
		停车(包括周末时间)	6 欧元/(车・日)
	因等待修理部件到达而占用站段轨道的费用	—	12 欧元/(车・日)

续上表

大类	服务内容	价格确定方式	数　额
提供专用线服务：额外调车服务	使用调车机车或额外使用侧线产生的人员费用	不足 1 h 按 1 h 计算	97 欧元/(人·h)
	使用调车机车或额外使用侧线产生的机车司机费用	内燃机车或电力机车，不足 1 h 按 1 h 计算	534 欧元/(人·h)
		轻轨牵引车，不足 1 h 按 1 h 计算	301 欧元/(人·h)
补充服务费	托运货物过境费用	—	7 欧元/车
	电子托运单的草拟	—	36 欧元/单
	管理任务	不足 1 h 按 1 h 计算	72 欧元/h
	无单据的车辆运行费	—	164 欧元/次
	重新发车服务	最小耗能	25 欧元/车
	西班牙铁路轨距的车轴转换费	双轴货车	132 欧元/车
		三轴、四轴货车	262 欧元/车
	特殊运单的初步研究报告	特殊运单的管理研究：铁路公司之间的特殊装备	248 欧元/份
		轨距研究	747 欧元/份
		轨道载重能力研究	3 229 欧元/份

(三)机车车辆修理站或报废站使用费

每列列车进入或离开机车车辆修理站或报废站，均会收取 175 欧元固定使用费。

第四章 德国铁路运营管理模式研究

1994 年 1 月，德国将原东西两德的铁路公司合并为德国铁路公司，并于 1999 年完成公司制改革，此后德铁股份公司的组织结构基本保持稳定。德国自 20 世纪 90 年代以来总体上保持了网运关系的稳定，也是铁路运输企业数量最多、最先实现铁路公益性运输市场化竞争的国家，积累了一定经验，能够为其他国家发展提供借鉴。本章着重介绍 20 世纪 90 年代以后德国铁路发展历程及现状。

第一节 发展历程

一、改革背景

（一）铁路旅客周转量总体上保持稳定，货物周转量呈“先高后低”的形态

客运方面，1950—1990 年，西德联邦铁路（DB）的旅客周转量总体在 0.35 亿人公里至 0.45 亿人公里区间范围内，东德国营铁路（DR）的旅客周转量在 0.15 亿人公里至 0.25 亿人公里区间范围内，保持相对稳定，如图 4-1 所示。货运方面，西德联邦铁路的货物周转量先是从 1950 年的 0.39 亿吨公里增长至 1970 年的峰值 0.72 亿吨公里，后降至 1990 年的 0.62 亿吨公里；东德国营铁路的

货物周转量先是从 1950 年的 0.15 亿吨公里增至 1985 年的峰值 0.59 亿吨公里，后因东德经济发展缓慢与两德统一的政治影响，降低至 1990 年的 0.4 亿吨公里，如图 4-2 所示。

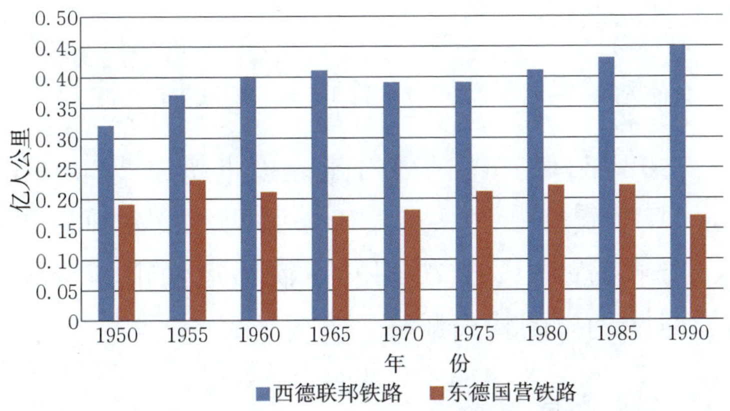

图 4-1　1950—1990 年两德铁路旅客周转量情况

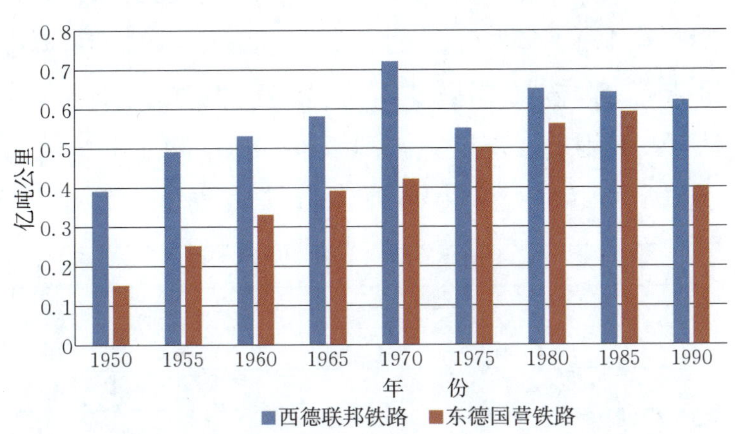

图 4-2　1950—1990 年两德铁路货物周转量情况

（二）铁路客货运输市场份额均出现下降趋势

1950—1985 年，西德联邦铁路的客运市场份额从 36.5%下降至 7%，货运市场份额从 56%下降至 25%；东德国营铁路的客运市场份额从 68%下降至 41%，货运市场份额从 81%下降至 77%。东德的客货运市场份额下降相对缓慢,原因是东德法律要求中长距离货物运输必须经由铁路。1985—1990 年,随着两德法律体系统一,国营铁路的客运市场份额从 41%下降至 14%,货运市场份额从 77%下降至 41%。

(三)政府对公路与铁路的投资比例失衡

1960—1992 年,联邦德国政府累计投资超过 2 300 亿马克用于公路建设,却只投资 290 亿马克用于铁路网建设;期间,新建公路超过 15 万 km,新建铁路只有 700 km。铁路运输市场份额降低的主要原因是公路网规模的快速扩张。

(四)铁路债务持续攀升

以西德为例,1970—1990 年,西德联邦铁路的累计负债从 140 亿马克增至 471 亿马克。两德统一后的 1991 年,德国交通部一份综合报告指出,按照当时的情况发展,两家铁路公司的债务补贴总额将从 1991 年的 270 亿马克增至 2000 年的 640 亿马克,如图 4-3 所示。德国联邦政府认为必须实行铁路改革以缓解债务压力。

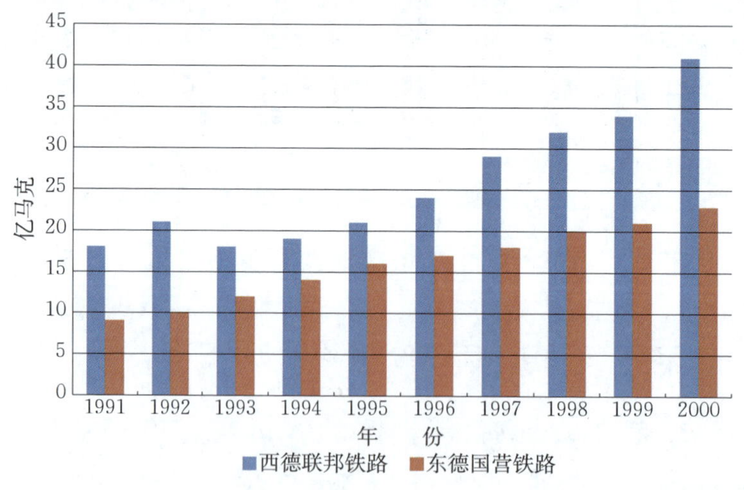

图 4-3 1991 年德国交通部预计 1991—2000 年铁路债务补贴情况

二、改革措施

1993 年年底，德国政府决定实行铁路改革，德国联邦议会主要颁布与修订五项法律：①关于联邦铁路合并和重组的法律；②关于成立德国铁路股份公司的法律；③“联邦铁路管理局法”；④“联邦铁路建设和融资法”；⑤“铁路基本法”。同时，还发布了配套的“地方公共交通区域化法”和“联邦铁路财产机构（BEV）人员结构改善法”。

德国铁路改革措施采用四个主要手段：①将国营铁路转型为股份公司，根据业务领域分设子公司；②由联邦政府减免和接管长期债务；③规范联邦政府对铁路基础设施的投资责任，加强州政府对公益性运输的补贴机制；④开放铁路客货运输市场竞争，引入私营铁路公司。

（一）创建德国铁路股份公司

1994 年 1 月 1 日，西德联邦铁路与东德国营铁路合并为德国铁路公司，根据业务领域的不同，逐步推进铁路企业公司制股份制改革。第一阶段（1994—1999 年），德国铁路公司下设长途客运、短途客运、货运、轨道基础设施、客运站五个主要业务部门；第二阶段（1999—2002 年），德国铁路公司改组为德国铁路股份公司，五个主要业务部门分别改组为德铁的全资子公司，即德铁旅行旅游公司、德铁短途客运公司、德铁货运公司、德铁路网公司、德铁车站服务公司。前两个阶段的计划全部如期实现。

德国铁路改革计划的第三阶段（2002 年—）允许 5 个子公司各自独立上市。但由于同一时期英国铁路私有化遭遇挫折，开展路网公司的再国有化，德国政府设立的铁路特别工作小组于 2001 年 10 月提交研究报告，认为德国铁路不应采取网运分离政策，德铁路网公司应继续留在德铁内部，德铁继续推动运输子公司上市。

(二)尝试推动铁路运输物流子集团上市

2002年,德铁收购施廷内斯股份公司(Stinnes AG),将铁路货物运输、物流经营两大业务重组为德铁信可铁路、德铁信可物流。2008年,德铁组建德铁运输物流子集团,将长途客运、短途客运、信可铁路、信可物流等运输业务单元并入子集团,计划在2008年秋季将相当于总股本1/4比例的股份售于私人投资者。2008年5月30日,德国联邦议院批准了德国铁路公司部分私有化计划;2008年年底,由于金融危机的影响,德铁资本私有化进程被无限期推迟;2011年1月,首次公开募股计划完全取消。2008年德国铁路公司计划上市的集团内部业务单元分布如图4-4所示。

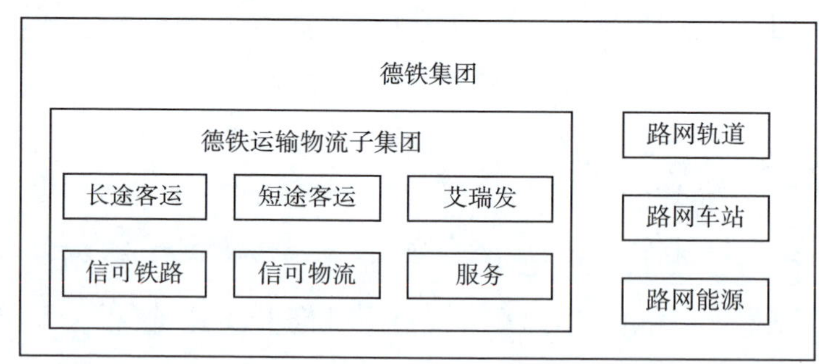

图4-4　2008年德国铁路公司计划上市的集团内部业务单元分布

(三)取消上市计划后的调整

2015年8月后,德铁股份公司撤销德铁运输物流子集团,解散两层控股架构,简化决策流程,降低管理成本。随后重塑事业部制组织结构,按不同的业务划分独立的二级公司或部门,各公司或部门自主经营、独立核算。

德铁股份公司内设6个部门,分别是董事会、数字化与技术部、人事和法律部、客运部、货运及物流部、基础设施部;下属8个业务领域,分别为客运部所属的长途客运业务、短途客运业务、艾瑞发公司业务，货运及物流部所属的货运业务、信可公司业务，基础设施部所属的路网轨道业务、路网车站业务、路网能源业务。

（四）德国铁路长期债务处理与铁路筹融资体制

截至 1993 年年底，德国铁路长期债务总计约 660 亿马克（约合 340 亿欧元），为使新成立的德铁公司能够免除长期债务困扰，全部债务均由德国政府设立的联邦铁路财产机构继承。同时，联邦铁路财产机构也从东西两德铁路公司承继总计 133 亿马克（约合 69 亿欧元）的各类不动产，通过出售与经营不动产获得收入，偿还长期债务。

德国“铁路基本法”第 87 条第 4 款规定，德国联邦政府“为确保公众利益，特别是运输需要，应发展和维护铁路网”，为铁路企业提供建设补助金。

（五）铁路公益性运输区域化

1996 年，德国联邦政府实行公益性铁路运输区域化改革，将地方短途铁路运输定性为公益性运输范围，州政府主持地方短途铁路运输的招投标，既可以授权德铁，也可以授权其他私营铁路运输企业。2011 年 2 月，德国联邦最高法院裁定，除极特殊情况外，地方政府必须对公益性运输引入竞争性招标。目前，德国是欧盟成员国中唯一一个完全由地方政府直接管理公益性运输的国家。同时，联邦政府向州政府提供补贴。德国铁路公益性运输授权如图 4-5 所示。

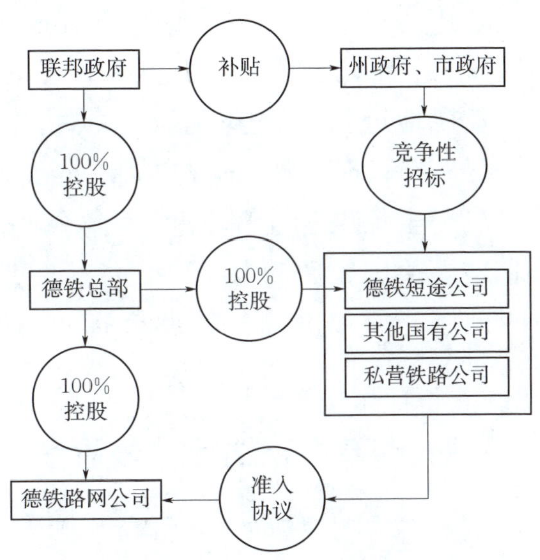

图 4-5　德国铁路公益性运输授权

专栏 4-1:德国铁路未实行网运分离模式,转而加强基础设施管理企业的透明性

按照1994年德国铁路改革思路,德铁本应在2002年前后完全实现网运分离,但英国铁路私有化改革的失败教训让德国铁路改变网运分离计划。目前,德铁路网公司一直是德铁全资控股的子公司,在德铁股份公司内部实现会计独立。为了保证德铁路网公司的基础设施运能分配与收费符合市场化要求,德国联邦网络局采取“反对垄断行为而非垄断地位”的原则,允许德铁路网公司管辖全国主要铁路网,但会对德铁路网公司的运能分配原则、收费机制等行为是否符合法律要求进行监管,促进非德铁所属的铁路运输企业也能公平无歧视地进入德国铁路网。

(六)开放铁路运输市场

按照欧盟关于开放铁路运输市场的要求,2005年,德国颁布《铁路基础设施使用条例》(EIBV),允许不同类型铁路企业无差别、无歧视地进入铁路基础设施领域。德铁路网公司提前发布路网公告,公布铁路基础设施总体情况与收费标准,接受拥有铁路运营执照与安全证书的全部铁路运输企业的申请。目前,私营铁路运输企业进入德国铁路市场不存在法律壁垒,但从实际情况看,铁路货运的市场开放程度高于铁路客运,短途铁路的市场开放程度高于长途铁路。

三、改革后铁路行业发展情况

(一)德国铁路运输量显著上升,市场份额稳中有升

德国铁路改革以来,德国铁路运输量呈现显著上升趋势。

1993—2019 年，德国铁路旅客周转量从 633.61 亿人公里增至 1 002.52亿人公里，累计增幅 58.2%；货物周转量从 656 亿吨公里增至1 194.69亿吨公里，累计增幅 82.1%，如图 4-6 所示。

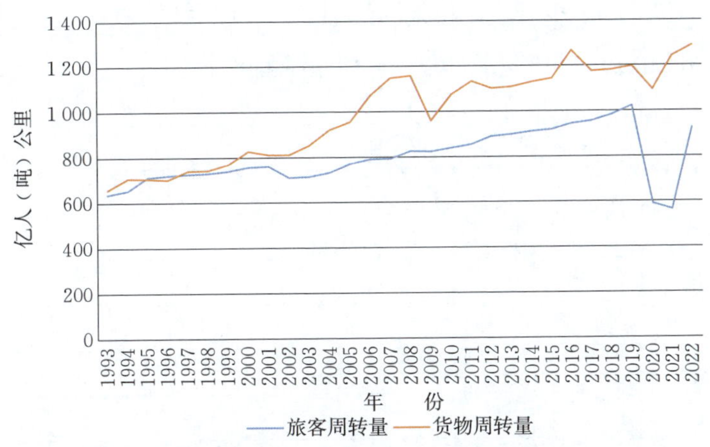

图 4-6 1993—2021 年德国铁路客货周转量情况

虽然铁路运输市场份额呈现一定程度的增长趋势，但并没有改变公路在德国运输市场的绝对优势地位。1993—2019 年，德国铁路客运市场份额从 7%增至 9.3%；货运市场份额从 16.8%增至 18.9%，如图 4-7 所示。

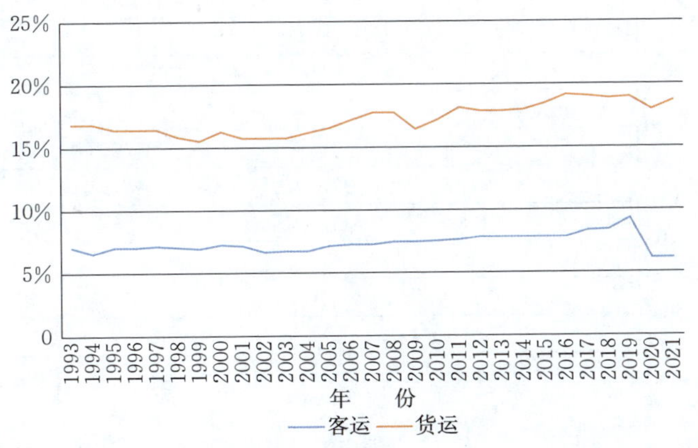

图 4-7 1993—2021 年德国铁路客货运市场份额变化

（二）德铁股份公司财务情况趋于稳定

2004—2022 年德铁股份公司主要经营指标情况如图 4-8 所示，总收入总体呈现稳步增长的态势，由 2004 年的 200 多亿欧元增长到 2022 年的超过 560 亿欧元，净利润趋向平稳。

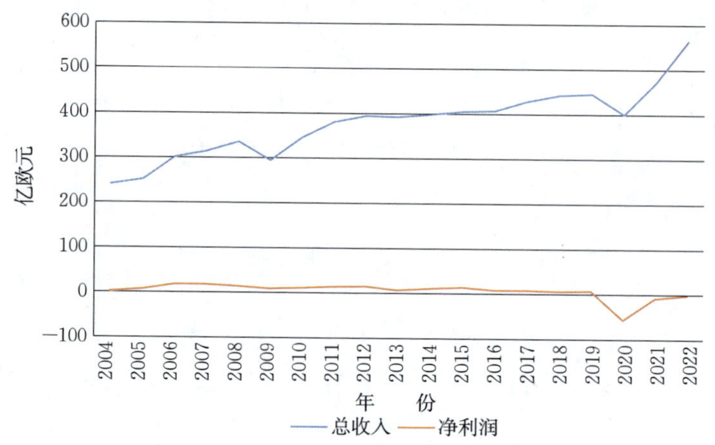

图 4-8 2004—2022 年德铁股份公司主要经营指标情况

2004—2022 年德铁股份公司主要资产负债指标情况如图 4-9 所示，2015 年以来，德铁集团资产负债率一直高于 74%。

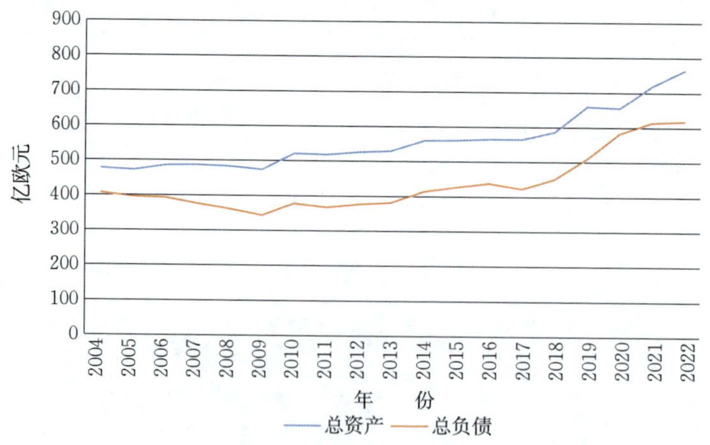

图 4-9 2004—2022 年德铁股份公司主要资产负债指标情况

（三）德国铁路运输市场开放情况

德国是欧盟成员国中铁路市场竞争最充分的国家。2015—2021 年，在德国获得运营牌照的铁路运输企业数量稳定在 320～350 家，其中 100 多家提供客运服务、200 多家提供货运服务。

截至 2019 年，在短途客运、长途客运、货运三类铁路运输市场，德铁股份公司分别占据 72％、96％、46％的市场份额，说明德国铁路货运市场化程度最高、短途客运其次，长途客运基本被德铁股份公司垄断。2015—2019 年，德铁股份公司在长途客运市场的市场份额从超过 99％下降至 96％，说明私营铁路运输企业进入长途客运市场的情况也在逐渐增加。2020 年和 2021 年受新冠疫情影响，中小型铁路运输企业纷纷出现经营困难，德铁股份公司的市场份额获得一定增加。2015—2021 年德铁股份公司铁路客货运输市场份额如图 4-10 所示。

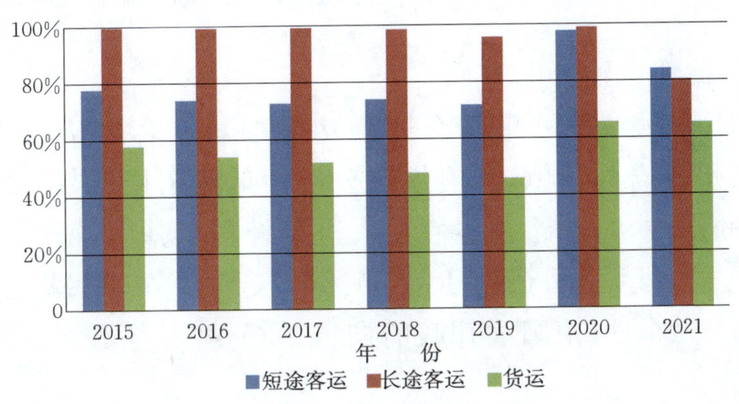

图 4-10　2015—2021 年德铁股份公司铁路客货运输市场份额

（四）德国铁路运输企业接受政府投资和补贴情况

1. 政府投资方面

1998—2022 年，德国联邦政府为铁路基础设施建设投资

1 301 亿欧元,年均投资约 52 亿欧元。2021—2024 年预算计划中,铁路基础设施累计增加 56 亿欧元的预算额度,主要用于路网建设、高速铁路数字化转型、欧盟铁路互联互通设备投资、车站更新等。1998—2022 年德国联邦政府投资铁路基础设施额度如图 4-11 所示。

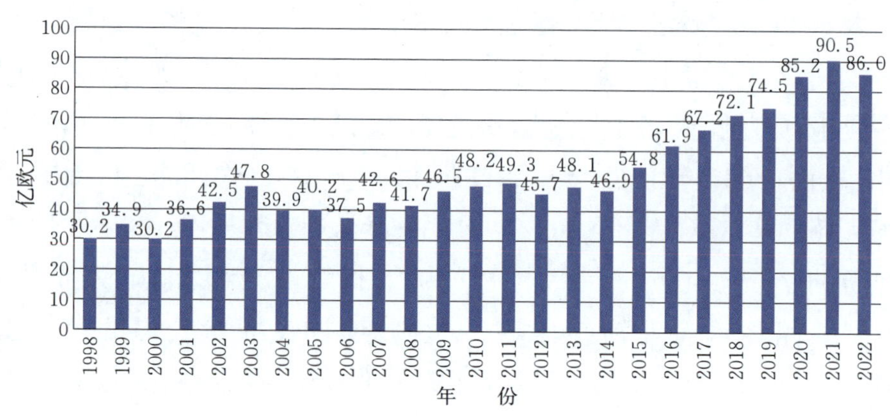

图 4-11　1998—2022 年德国联邦政府投资铁路基础设施额度

2. 公益性运输补贴方面

1996 年开始,德国将具有通勤功能的短途客运认定为公益性运输。以州政府为主体,开展铁路公益性运输招投标,通过“政府购买服务”的形式,对铁路公益性损失进行补贴。其中,德国各州政府向德铁地区客运公司(DB Regio)累计支付 3. 32 亿欧元。此外,2020 年 5 月 26 日,德国联邦政府向德铁提供55 亿欧元的新冠疫情财政补贴。

第二节　治理架构

截至 2023 年年末德国铁路治理架构如图 4-12 所示。

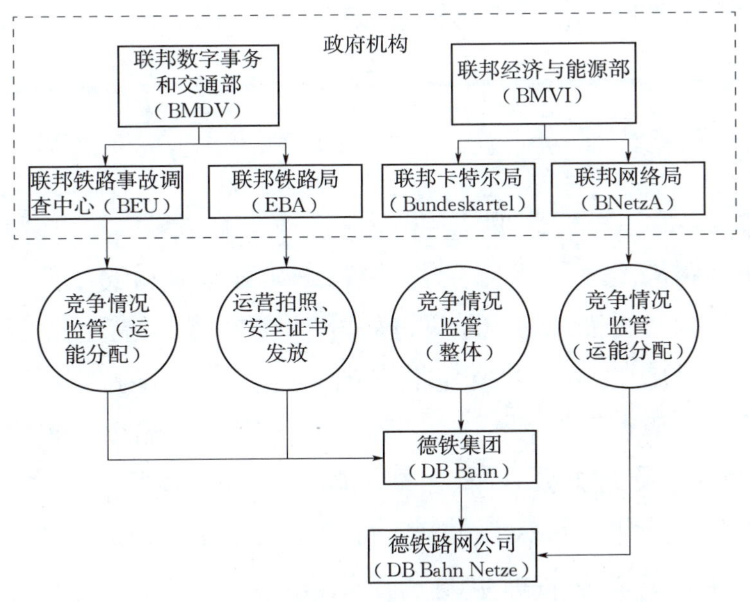

图 4-12 德国铁路治理架构示意

一、德国铁路监管主体与监管职能

德国铁路运输企业面对的监管主要来自四个方面，分别是行政监管主体、竞争监管主体、安全监管主体和其他监管主体。

（一）铁路基础设施运能授权与收费监管主体：联邦网络局（BNetzA）

联邦网络局设立于2006年，承担铁路、电力、天然气、电信、邮政等具有网络型特征的行业监管职能，该机构受联邦经济事务和能源部的行政管辖，并接受联邦交通和数字基础设施部的技术监督。为了确保铁路部门的有效竞争，联邦网络局负责监测铁路基础设施（包括路轨和服务设施）的公平性与透明性。2021年12月8日朔尔茨政府组建当日，德国联邦政府宣布将原联邦交通和数字基础设施部更名为联邦数字事务和交通部，新部门将负责制定交通运输各行业(邮政除外)、电信及数字产业的综合产业政策与产业数字化转型政策。

(二)牌照发放与安全监管机构:联邦铁路局(EBA)

1. 部门定位与主要职责

联邦铁路局是德国铁路企业的牌照颁发机构和安全监管机构,监管全国 2/3 以上的铁路公司。联邦铁路局的主要职能包括:①接受联邦铁路基础设施的规划申报与批准;②授权铁路运输企业使用铁路机车车辆和铁路基础设施;③主持联邦政府对铁路运输企业提供拨款。

联邦铁路局的主要监管对象是联邦铁路(相当于国家铁路),同时也负责 11 个州的非联邦铁路(相当于地方铁路)的监管。

2. 牌照、安全证书等主要资质情况

(1)铁路运营牌照。该机构负责向联邦政府持有多数股权的铁路企业(如德铁股份公司及其旗下子公司)颁发铁路运营牌照。牌照有效期最长为 15 年,牌照费为一次性收费 5 000 欧元。其他铁路企业不需要向联邦铁路局申请牌照,但需要获得公司注册地所在州颁发的牌照。需要说明的是,如果铁路运输企业已获得欧盟其他成员国颁发的准入牌照,该企业也可以使用该牌照在德国提供服务。但是,外国铁路运输企业自由进入德国铁路网的权利仅限于货运服务。

(2)安全证书。进入德国铁路网之前,铁路运输企业必须向联邦铁路局申请安全证书,联邦铁路局将在收到申请材料之后的四个月内做出决定。企业必须向联邦铁路局提供证据,证明其已建立至少满足欧盟指令的安全管理系统,并满足员工与车辆安全运行的要求。

(三)事故调查机构:联邦铁路事故调查中心(BEU)

联邦铁路事故调查中心是德国政府下设的铁路事故调查机构,最早是成立于 2009 年的联邦铁路事故调查单元(EUB),按照欧盟法令 2016/798/EU 的规定成为联邦政府的独立部门,于 2017 年改为现名,旨在独立查明事故原因，并为未来可能发生的事故提供合理化建议。

(四)其他机构：联邦卡特尔局(Bundeskartel)

联邦卡特尔局成立于1958年，是德国政府的独立反垄断机构，拥有国内最大的商业调查权，向违反德国“反干扰竞争法”的企业处以罚款。机构职能主要包括：①强制执行反垄断法律；②产业垄断地位的滥用监管；③审查政府的公共合同；④保护消费者权益。

2019年11月28日，联邦卡特尔局对德铁股份公司提起行政诉讼，认为德铁股份公司限制了网络售票平台在应用商店、搜索引擎、社交网络的广告。

二、德铁股份公司及旗下子公司情况

截至2023年年末，德铁股份公司内部部门与业务单元分布如图4-13所示。

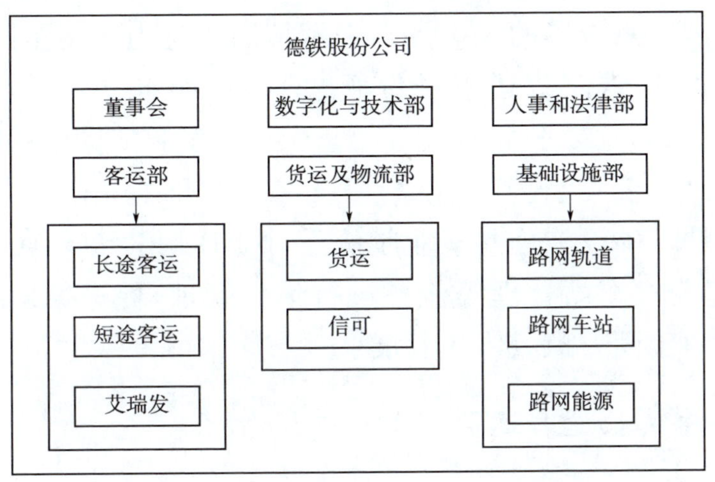

图4-13 德铁股份公司内部部门与业务单元分布

(一)德铁路网公司

截至2019年，德国铁路基础设施管理企业有140家。其中，德铁路网公司管辖全部联邦铁路与部分非联邦铁路，约占德国全部铁路营业里程的85%，其余130多家非联邦铁路基础设施管理企业负责其余15%的铁路营业里程。

德铁路网公司是德铁的全资子公司，负责铁路基础设施投资更新、维修养护、运营管理、运能分配与收费、调度指挥等。截至2019年，德铁路网公司拥有超过4.6万名员工，负责3.34万km的铁路网及附属子系统，平均每天有2.35万列列车在德铁路网公司的基础设施上运行。

德铁路网公司对申请使用路网的铁路运输企业收取最低准入包费用。最低准入包是路网公司提供给铁路运输企业的最基本服务，给予运输企业以下权利：①运能的使用权；②铁路基础设施的使用权，包括道岔口、交换装置等；③通信信号等列车控制系统使用权及列车运行信息；④使用与线路相关的牵引电流供应设施；⑤其他相关信息知情权。

2022年8月，德国联邦数字事务和交通部发布《关于德铁股份公司和德国铁路未来的关键点》，表示德国政府为了调整运输结构，2030年将实现铁路货运市场份额25%（2019年为19%）的目标。为实现该目标，德铁公司计划于2024年1月1日将德铁股份公司所属德铁路网公司、德铁车站与服务公司（DB Station & Service）整合为德铁基础设施公共事业股份公司（DB InfraGO AG），将铁路路网建设养护、车站管理等业务进行集中管理，促进德国铁路各项基础设施的建设养护一体化发展。

（二）德铁长途客运公司

德铁长途客运公司（DB Fernverkehr）主要提供德国国内和跨境长途服务，公司成立于1999年，并于2003年改为现在的名称。

德铁长途客运公司拥有如下子公司：德铁旅行旅游瑞士公司（DB Reise & Touristik Suisse S. A.）、拜仁快车与君恩柏林有限公司（Bayern Express & P. Kühn Berlin GmbH）、德铁意大利公司

(DB Bahn Italia S. r. l.)等。

德铁长途客运公司在德国国内运营城际快车(InterCityExpress)、城际列车(InterCity),同时在全欧洲运营欧洲城际列车(EuroCity)。德铁长途在细分市场上每天运营着数百班列车,而所有竞争对手提供的日均长途列车服务总计不超过10～15班。

(三)德铁地区客运公司

德铁地区客运公司(DB Regio)负责铁路短途客运的运营,拥有众多较小的附属机构,以不同的组织和法律形式负责各地的交通运营,从区域上可以分为:北部(Nord)、东北部(Nordost)、北莱茵-威斯特法伦(NRW)、东南(Südost)、黑森(Hessen)、西南(Südwest)、莱茵-内卡(Rhein-Neckar)、巴登-符腾堡(Baden-Württemberg)、巴伐利亚(Bayern)、区域网络(Verkehrs)。

1996年以来,德国联邦政府将短途铁路客运列为铁路公益性运输的一部分,允许州政府主持短途客运的公共服务合同竞争性公开招标,并给予州政府以补贴支持。2016年,德国联邦政府建立地方基金,每年向27个州提供82亿欧元的资助额度,至2030年为止。

在德国,城市、郊区、区域和区域间的铁路交通都被定义在公共服务合同中。目前,德国境内实行约300份公共服务合同,其中180份是与德铁地区客运公司签订的。

公共服务合同一般包括对于下列事项的规定:①总成本限制,即铁路运输企业必须在一定的总成本限制内完成铁路公益性运输;②服务频率要求,即铁路运输企业必须保证一定的开行频率;③服务质量,特别是准点率与速度等级的要求;④机车车辆特性要求;⑤员工培训的要求;⑥市场营销要求。

(四)德铁艾瑞发公司

艾瑞发公司(Arriva)是总部位于英国森德兰的跨境公共交通

运输企业,2010 年 8 月正式被德铁收购,在英国、意大利、西班牙、捷克、波兰等欧洲 12 个国家运营公共巴士、长途巴士、铁路列车、有轨电车及水上巴士等业务。

(五)德铁货运公司

德铁货运公司(DB Cargo AG)是德铁股份公司负责铁路货运的全资子公司,承担德铁股份公司全部国内与欧洲铁路货运业务。由于德国提出 2050 年碳排放净零的目标,德国联邦政府正推动把公路运输转移至铁路运输,德铁货运公司备受重视。

2009 年年初,德铁整合雷力昂公司(Railion GmbH)在德国、荷兰、丹麦、瑞士和意大利的分公司、德铁信可铁路英国(DB Schenker Rail UK),以及西班牙泉思费莎(Transfesa)、波兰 PCC 物流(PCC Logistics)和意大利北方货运(NordCargo)等控股公司后,新成立了德铁信可铁路(DB Schenker Rail)。2016 年,德铁股份公司为简化和统一品牌标识,将德铁信可铁路改为德铁货运公司。

(六)德铁信可公司

德铁信可公司(DB Schenker)是德铁运输及物流服务提供商,前身为 2003 年被德铁收购的信可物流,总部设于埃森。2009 年公司新创建业务部门,提供欧洲范围内的陆运、世界范围内的空运和海运服务,以及全球性的合同物流及供应链管理服务。

德铁信可公司下辖 3 个部门:负责欧洲公路运输的陆地货运部、负责全球航空运输及水路运输的航空、航海货运部和负责合同物流的合同物流/供应链管理部,并负责与工业和贸易企业的长期合作。

三、德铁股份公司内部管理体系的构建情况

德铁股份公司对所属子公司采取操作管控型模式。集团公司是所属子公司的职能服务中心、行政管理性服务中心、投融资中心。

所属子公司之间的关系按如下原则开展。

（一）关联交易关系管理

德铁股份公司所属企业之间开展关联交易，必须按照市场价格进行，并保证提供的产品与服务符合市场要求。

最主要的关联交易，是德铁的铁路运输企业（如长途客运、短途客运、货运等）与德铁路网公司之间的收费关系。本着公平透明的原则，德铁路网公司提前发布路网公告，向全社会公布路网情况与收费标准，德铁所属的铁路运输企业必须与非德铁企业一样，按市场价格与市场要求支付服务费用。

（二）调度指挥管理

德铁的调度指挥任务由路网公司在法兰克福的中央调度指挥中心与分设在柏林、汉诺威、杜伊斯堡、法兰克福、卡尔斯鲁厄、慕尼黑、莱比锡地区的 7 家分公司共同完成。建立“调度指挥中心-调度指挥分中心-车站值班员”三级管理体制，所有中心都由通信系统连接进行数据交换，每个调度指挥中心下设运输指挥中心与运行控制中心。德铁旗下的铁路运输企业均按照市场价格向德铁路网公司缴纳线路使用费。

（三）财务管理

在德铁股份公司里，旗下各企业都与德铁总部签订了“控制与利润亏损转移协议”，每年按比例上缴利润（如亏损则补偿）。统一的利润分配制度不仅有助于德铁择优汰劣，也有助于集中更多资金投资基础建设项目。德铁股份公司各企业的利润上缴或亏损补偿并非每年重设一次，而是实时更新、自动计算。资本基于股东对利润的索取权或基于总部对亏损的弥补义务而流动。考虑到集团内的财政关系，德铁每一项利息支出与利润损失转移都是基于现实而决定，且需要持续满足资本支出的需要，故投资时德铁会充分考虑回报是否有所保证。

(四)筹融资管理

德铁股份公司所属企业的融资必须通过德铁金融公司(DB Finance GmbH)完成，在金融资本市场上以集团公司统一形象出现，以保证集团内所有公司以最优惠条款借款和投资。

筹集资金由德铁股份公司财务部分配给有需求的所属企业。其中，德铁所属铁路运输企业(如长途客运、短途客运、艾瑞发、货运、信可)需要特别向德铁股份公司加收手续费，德铁基础设施管理企业(如德铁路网公司等)不需要加收手续费，德铁股份公司融资方式与融资分配原则如图 4-14 所示。

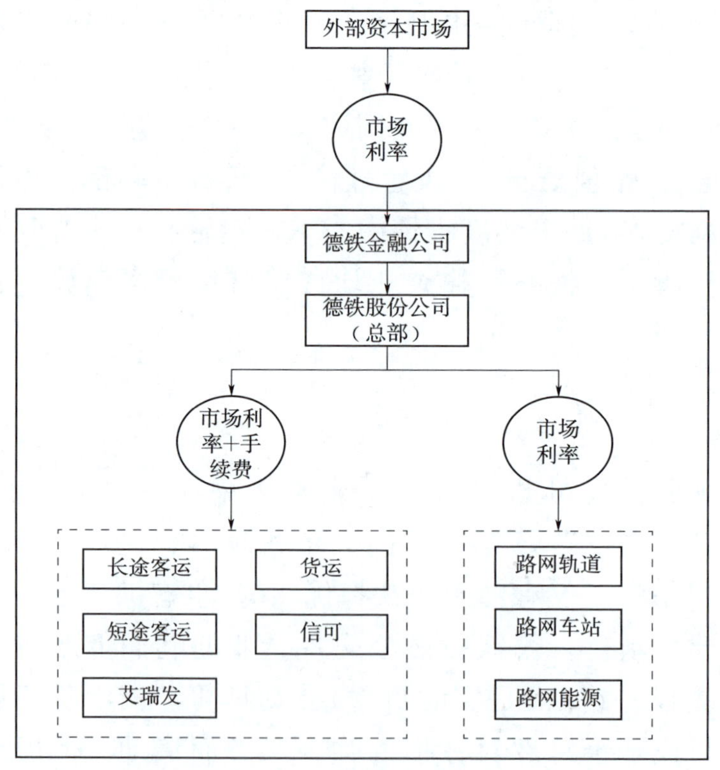

图 4-14　德铁股份公司融资方式与融资分配原则

(五)劳动人事管理

德铁股份公司统一负责员工招聘、培训、合同签订、解雇等事宜,由德铁股份公司的全资子公司德铁工作服务公司(DB JobService)为所有旗下企业提供招聘服务,并负责新招募员工培训上岗工作。

第三节　运能分配机制

一、德铁路网公司的特殊权限

德铁路网公司向社会公开发布路网公告,接受铁路运输企业提出的列车径路申请。德铁路网公司可以在以下范围内自由调整铁路运行图,且不需要与铁路运输企业商议。

(1)对于普通旅客列车,如运行误差在前后 3 min 以内,德铁路网公司可以直接调整。

(2)对于货运列车和牵引机车,如运行误差在前后 30 min 以内,德铁路网公司可以直接调整。

(3)对于长途旅客直达列车,如运行误差在前后 30 min 以内,德铁路网公司可以直接调整。

(4)对于附加时间可变(Z-Flex)、地区可变(R-Flex)标签的货运列车,如运行误差在前后 120 min 以内,德铁路网公司可以直接调整。

二、铁路基础设施运能分配优先级与流程

(一)运能分配优先级

在分配铁路基础设施运能和制定列车运行图时,德铁路网公司按照下列优先次序原则,对冲突的列车径路进行调整。

(1)开行定期列车(一般是旅客列车)或铁路基础设施维修养护优先。其中,定期开行列车需要满足下列两个标准:①在相同的列

车径路上拥有相同的始发站、中间站、到达站；②在德铁路网公司设定的某个列车测量点每天至少开行 4 对列车、每 120 min 必须有一列车通过、通过列车测量点的分钟数应一致。

(2)在上述条件相同的情况下，则跨境列车径路优先。

(3)在上述条件相同的情况下，则货运列车径路优先。

(4)在上述条件相同的情况下，则德铁路网公司可以按照缴纳线路使用费的多少确定列车径路。在标准收费程序下，缴纳费用高的列车径路优先；如果标准收费程序下的缴纳费用相当，则愿意缴纳更高线路使用费的列车径路优先。

(二)运能分配基本流程

德铁路网公司基础设施运能分配流程如图 4-15 所示，主要包括申请阶段、起草阶段、协调阶段、再申请阶段等，最终德铁路网公司将充分与相关铁路运输企业沟通，并在征求全部铁路运输企业的意见后，在列车时刻表运行前一个月左右发布最终的列车时刻表。2022 年德铁路网公司运能分配主要流程见表 4-1。

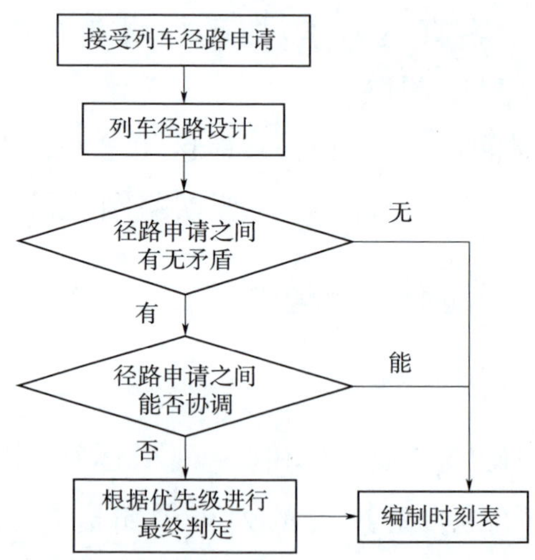

图 4-15　德铁路网公司基础设施运能分配流程

表 4-1　2022 年德铁路网公司运能分配主要流程

截止日期	工作进度
2021 年 4 月 12 日	铁路运输企业申请运能截止日
2021 年 7 月 5 日	运能分配起草阶段截止日
2021 年 8 月 6 日	铁路运输企业针对运能分配草案进行书面反馈的截止日
2021 年 8 月 23 日	运能分配协调阶段截止日
2021 年 9 月 29 日	铁路运输企业申请剩余运能的截止日
2021 年 11 月 5 日	德铁路网公司发布最终版运能分配方案，并公布列车时刻表
2021 年 12 月 12 日	运营开始日

第四节　基础设施收费机制

一、最低准入费

（一）基本计算方式

德铁路网公司为每个进入德国铁路网的铁路运输企业提供最低准入服务，并收取最低准入费用：最低准入费用＝最低准入收费标准×列车公里数。

其中，最低准入收费标准＝直接成本＋固定费用±其他费用。直接成本是铁路运输企业使用基础设施运能的成本，随着运能使用量的增加而增加，德铁路网公司根据每个细分市场的具体情况测算该细分市场的固定值；固定费用是德铁路网公司为每个细分市场设置的固定费用，与运能使用量无关；其他费用是德铁路网公司对铁路运输企业收取或减免的额外费用。

（二）最低准入收费标准的核定方式

为了精确测算德铁基础设施收费标准，德铁路网公司将全国铁路客货运输市场划分为许多细分市场。针对以下不同的细分市场，德铁路网公司确定了不同的收费标准。

1. 长途客运市场

(1)都市白天列车(metro tag)。具有下列特点：①长途客运；②至少在两个大都市圈之间运营；③运行时间为周一到周五从早六点到晚八点，或周六周日从早九点到晚八点。其中，还可以分出“都市白天快速”(metro tag express)。

(2)普通列车(basic)。指具有以下情况之一的长途旅客列车：①不在两个大都市车站之间运行且运行时间为周一到周日(包括节假日在内)早六点到晚十一点；②周一到周日(包括节假日在内)运行时间为晚八点到晚十一点，周六和周日(包括节假日在内)运行时间为早六点到早九点。其中，还可以继续分出“普通快速”(basic express)。

(3)夜间列车(nacht)。指具有以下情况之一的旅客列车：①运行时间为晚十一点到早六点；②全程(包括不在德国境内的线路区段)运行时间为晚十一点到早六点，中间无停车。

(4)包车/老式列车(charter/nostalgie)。包车指为全车旅客的特殊目的地而开行的列车。老式列车指蒸汽机车牵引或使用年份大于50年的机车牵引的列车。

(5)机车/空驶列车(lok-/leerfahrt)。指长途客运中不承运旅客的机车/列车，包括机车单独行驶与列车空驶。其中，可以细分出“机车/空驶快速”(lok-/leerfahrt express)。

(6)直达运输列车(punkt-zu-punkt)。指中途没有停靠站的直达列车。

德国长途铁路客运市场最低准入收费标准见表4-2。

表 4-2 德国长途铁路客运市场最低准入收费标准

单位:欧元/列车公里

市场细分	线路使用费
都市白天列车最低(速度小于或等于 100 km/h)	5.33
都市白天列车最高(速度大于或等于 160 km/h)	12.17
普通列车	4.76
夜间列车	2.67
包车/老式列车	2.65
机车/空驶列车	2.65
直达运输列车	3.41

2. 短途客运市场

短途客运市场主要分为负载、机车/空驶列车两部分,并根据德国不同州的具体情况确定不同收费标准,德国短途铁路客运市场最低准入收费标准见表 4-3。

表 4-3 德国短途铁路客运市场最低准入收费标准

单位:欧元/列车公里

细分市场	负载	空载
巴登-符腾堡	5.300	3.066
巴伐利亚	5.171	3.064
柏林	5.610	3.164
勃兰登堡	5.733	3.336
不莱梅	5.641	3.289

续上表

细分市场	负载	空载
汉堡	4.950	3.029
黑森	5.060	3.102
梅克伦堡-前波美拉尼亚	5.595	3.206
下萨克森	5.375	3.343
北莱茵-威斯特法伦	5.156	3.073
莱茵兰-普法尔茨	5.344	3.046
萨尔兰	5.470	2.600
萨克森	5.406	3.091
萨克森-安哈尔特	5.363	3.149
石勒苏益格-荷尔斯泰因	5.467	3.113
图林根	5.416	3.155

3. 货运市场

(1)重载列车(sehr schwer)。总重量超过 3 000 t 的列车。如有超载情况则需要进行额外收费。

(2)危险货运列车(gefahrgut)。运载危险品名单内的危险品，且运输距离在 75 km 以上、车长超过 370 m、总重不超过 3 000 t。

(3)短途货运列车(güternahverkehr)。运输距离在 75 km 以内、车长不超过 370 m、总重在 3 000 t 以下的非危险品运输。

(4)短途危险货运列车(gefahrgut-verkehr)。运输距离在 75 km以内、车长不超过 370 m、总重在 3 000 t 以下的危险品运输。

(5)货运机车走行(lokfahrt)。单独走行的货运机车。

(6)标准货运(standard)。上述五项以外的其他货物运输。

德国铁路货运市场最低准入收费标准见表4-4。

表4-4 德国铁路货运市场最低准入收费标准

单位:欧元/列车公里

细分市场	线路使用费	细分市场	线路使用费
重载列车	4.22	短途危险货运列车	2.00
危险货运列车	3.63	货运机车走行	1.78
短途货运列车	1.78	标准货运	2.98

4. 附加标签

除上述六类货运细分市场之外,铁路运输企业还可以根据实际情况要求选择为某列列车附加“快速”(express)、“快速”(schnell)、“时间可变列车”(Z-Flex)与“地区可变列车”(R-Flex)四类标签,德铁路网公司为该类列车分配基础设施运能时会充分考虑这四类标签,升高该列车的优先级。

二、其他路网基础设施收费

(一)其他收费

1. 列车在规定时间以外在德国铁路网上运行

每列车收费标准为4.2欧元/h,但一次不少于50欧元。

2. 入网可行性研究

向铁路运输企业提供基础设施情况说明,以便制定运输方案。收费额=123欧元(基本费用)+咨询时间(h)×82欧元/h。

3. 为超限货物提供指引性评估

收费额=215欧元(基本费用)+咨询时间(h)×82欧元/h。

4. 为铁路桥提供可承受性说明

检测铁路运输企业的机车车辆能否安全通过铁路桥等设施,根据桥梁等级制定不同的费用标准。

5. 运行监管员添乘

德铁路网公司可应邀派遣运行监管员添乘，保证列车调度指挥通达有序。收费额＝运行小时数(最低 3 h)×80 欧元/h。

此外，其他各项收费标准见表 4-5。

表 4-5　其他各项收费标准

设施设备名称	收费标准(欧元/h)
无电压缩空气罐	0.71
230 V 接口压缩空气罐	0.84
坡道	0.06
供电设备，230 V 或 400 V	0.35
停放额外配备吸收垫的牵引装备	0.61
停放额外配备安全防护/垫系统的牵引装置	0.61
牵引装置停放处有额外的污水处理系统设施	1.59
注水管	0.44

(二)附加收费

1. 基于 GSM-R 的信息传递费

(1)电话/短信方式，每客户每月统一收费标准 11.95 欧元。

(2)数据传输方式，每客户每月统一收费标准 4.1 欧元。

2. 铁路适用性研究

收费额＝215 欧元＋咨询时间(h)×82 欧元/h。

3. 运行流程、列车时刻表等研究

收费标准为 82 欧元/h。

4. 调度中心调车工作台使用费

德铁路网公司允许铁路运输企业的相关人员付费使用调度中心的调车工作台，按月收费。其中，柏林调度中心每月收费 1 628.56欧元、杜伊斯堡调度中心 1 360.04 欧元、法兰克福调度中心及路网调度中心 1 415.42 欧元、汉诺威调度中心 1 679.1 欧元、卡尔斯鲁厄调度中心 1 203 欧元、莱比锡调度中心 1 121.03 欧元、慕尼黑调度中心 1 465.23 欧元。

三、德铁车站使用收费

德铁车站与服务公司负责提供车站服务，铁路运输企业必须提交申请，并提供铁路运营牌照、安全证书及德铁车站所需的其他资质证书。当铁路运输企业的申请包含第三方公司时，铁路运输企业还需同时提供第三方公司的安全证书等相关证明材料。

德铁车站的收费分为基础收费和年度调整。基础收费按照车站计费类别、所在州、提供长途客运还是短途客运计算费用。年度调整是指对上一年的车站收费标准进行调整，以确定新一年的车站收费标准。

德铁车站计费类别的划分主要考虑车站设备和运输情况，见表 4-6。

表 4-6 德铁车站分类指标与分类基数计算方法

一级指标及权重	二级指标及权重	二级指标层级的确定		乘数因子＝二级权重/最大层级数
车站属性（由车站本身情况确定），40％	站台数，20％	站台数（个）	层级数	如层级数是 6，则乘数因子＝20÷6≈3.333
		1	1	
		2	2	
		3～4	3	
		5～9	4	
		10～14	5	
		≥15	6	

续上表

<table>
<tr><th>一级指标及权重</th><th>二级指标及权重</th><th colspan="2">二级指标层级的确定</th><th>乘数因子＝二级权重/最大层级数</th></tr>
<tr><td rowspan="7">车站属性（由车站本身情况确定），40％</td><td rowspan="7">最长站台长度（一个车站内最长站台的长度），20％</td><td>最长站台长度（m）</td><td>层级数</td><td rowspan="7">如层级数是6，则乘数因子＝20÷6≈3.333</td></tr>
<tr><td>＜90</td><td>1</td></tr>
<tr><td>90.01～140</td><td>2</td></tr>
<tr><td>140.01～170</td><td>3</td></tr>
<tr><td>170.01～210</td><td>4</td></tr>
<tr><td>210.01～280</td><td>5</td></tr>
<tr><td>280.01以上</td><td>6</td></tr>
<tr><td rowspan="14">车站使用情况（一个工作日内所有铁路运输企业使用该站台的数据汇总），40％</td><td rowspan="7">运输旅客密度，20％</td><td>旅客人数（人）</td><td>层级数</td><td rowspan="7">如层级数是6，则乘数因子＝20÷6≈3.333</td></tr>
<tr><td>＜50</td><td>1</td></tr>
<tr><td>50～299</td><td>2</td></tr>
<tr><td>300～999</td><td>3</td></tr>
<tr><td>1 000～9 999</td><td>4</td></tr>
<tr><td>10 000～49 999</td><td>5</td></tr>
<tr><td>≥50 000</td><td>6</td></tr>
<tr><td rowspan="7">列车停靠次数（包含终点站），20％</td><td>列车依靠次数（次）</td><td>层级数</td><td rowspan="7">如层级数是6，则乘数因子＝20÷6≈3.333</td></tr>
<tr><td>＜10</td><td>1</td></tr>
<tr><td>11～50</td><td>2</td></tr>
<tr><td>51～100</td><td>3</td></tr>
<tr><td>101～500</td><td>4</td></tr>
<tr><td>501～1 000</td><td>5</td></tr>
<tr><td>≥1 001</td><td>6</td></tr>
</table>

续上表

一级指标及权重	二级指标及权重	二级指标层级的确定	乘数因子=二级权重/最大层级数
其他特点,20%	车站内有无无障碍设施,5%	没有无障碍设施,层级数为0; 有无障碍设施,层级数为1	如层级数是1,则乘数因子=5÷1=5
	车站内安保服务,15%	没有安保服务,层级数为0; 有安保服务,层级数为1	如层级数是1,则乘数因子=15÷1=15

每个车站六个二级指标对应的层级数分别乘以相应的乘数因子,得到与六个二级指标相对应的分数,将六个分数加总,就得到每个车站的分类基数。德铁根据分类基数将车站计费类别分为7个等级,德铁车站的计费类别见表4-7。

表4-7 德铁车站的计费类别

车站分类基数	车站计费类别	车站分类基数	车站计费类别
90.01~100.00	第一类	40.01~50.00	第五类
80.01~90.00	第二类	25.01~40.00	第六类
60.01~80.00	第三类	<25.01	第七类
50.01~60.00	第四类		

以巴伐利亚州车站为例,其基础收费标准见表4-8。

表4-8 巴伐利亚州车站收费标准

单位:欧元/发送列车

车站计费类别	长途客运	短途客运
第一类	55.73	22.94
第二类	38.55	15.86

续上表

车站计费类别	长途客运	短途客运
第三类	14.72	6.06
第四类	10.02	4.12
第五类	8.48	3.50
第六类	9.14	3.77
第七类	6.48	2.66

四、德铁基础设施电力牵引收费

(一)德铁能源(DB Energie GmbH)16.7 Hz 铁路电网使用费

1. 接电入网费用(年费)

德国铁路基础设施电力牵引费见表 4-9。

表 4-9　德国铁路基础设施电力牵引费

接电电网	使用时限<2.500 h		使用时限≥2.500 h	
	电容收费(欧元/kW)	电量收费[欧分/(kW·h)]	电容收费(欧元/kW)	电量收费[欧分/(kW·h)]
高压电网	19.78	6.05	160.43	0.43
中压电网	0	6.8	127.45	1.7

其中,电网费用根据日历年的年度最大用电量(kW·h)计费。计费小时为最大使用小时数(年使用总量/最大输出量)。

2. 接电入网月费

德国铁路接电入网月费见表 4-10。

表 4-10　德国铁路接电入网月费

接电电网	电容收费	电量收费
中压电网	21.24 欧元/kW	1.75 欧分/(kW·h)

3. 电力测度费

每个铁路运输企业每年缴纳 201.02 欧元，或是 0.015 5 欧分/(kW·h)的电力测度费。

4. 反馈电力补贴

如客户将牵引机车电气制动产生的电力馈入架空线路，铁路电网运输企业将偿还避免使用上游电网的报酬(避免电网费用的报酬)，德国铁路反馈电力补贴见表 4-11。

表 4-11 德国铁路反馈电力补贴

补贴类别	补贴标准	
中压电网的电流反馈补贴(统一指标)	2.73 欧分/(kW·h)	
中压电网的电流反馈补贴(按照实际发生量)	电容补贴	电量补贴
	110.69 欧元/(kW·月)	1.47 欧分/(kW·h)

(二)德铁能源 50 Hz 铁路电网使用费

1. 每 15 min 功率测度收取的费用(年费)

每 15 min 功率测度收取的费用(年费)见表 4-12。

表 4-12 每 15 min 功率测度收取的费用(年费)

接电电网	使用时限<2.500 h/a		使用时限≥2.500 h/a	
	电容收费	电量收费	电容收费	电量收费
中压电网	35.9 欧元/kW	4.57 欧分/(kW·h)	114.38 欧元/kW	1.43 欧分/(kW·h)
低压电网	57.78 欧元/kW	7.62 欧分/(kW·h)	193.69 欧元/kW	2.19 欧分/(kW·h)

2. 每 15 min 功率测度收取的费用(月费)

每 15 min 功率测度收取的费用(月费)见表 4-13。

表 4-13 每 15 min 功率测度收取的费用(月费)

接电电网	电容收费	电量收费
中压电网	19.06 欧元/kW	1.43 欧分/(kW・h)
低压电网	32.28 欧元/kW	2.19 欧分/(kW・h)

3. 每 15 min 功率测度收取的费用(标准费率)

每 15 min 功率测度收取的费用(标准费率)见表 4-14。

表 4-14 每 15 min 功率测度收取的费用(标准费率)

接电电网	基本价格	电量收费
低压电网	40 欧元/a	9.9 欧分/(kW・h)

4. 无功电流输送

如果一个月的无功输送总量超过当月实际工作量的 50%,收取额外的无功电流输送费用,按照 1 欧分/无功千伏安收取。

5. 无功率损耗的低压测度

无功率损耗的低压测度收取的费用见表 4-15。

表 4-15 无功率损耗的低压测度收取的费用

项　　目	测度操作费用(包括测度费)
交流电计费测度	69.45 欧元/A
直流电计费测度	69.85 欧元/A
无需变压器的双费率测度	87.05 欧元/A
使用变压器的费率测度	89.11 欧元/A
电子家用电表	68.31 欧元/A

6. 有功率损耗的低压测度

有功率损耗的低压测度收取的费用见表 4-16。

表 4-16 有功率损耗的低压测度收取的费用

项　　目	测度操作费用(包括测度费)
负载分布测度	779.29 欧元/A
负载分布测度(四象限测度)	1 044.06 欧元/A

7. 有功率损耗的中压测度

有功率损耗的中压测度费用为 1 116.19 欧元/A。

8. 特殊服务

连接使用切断(阻塞)或恢复,每次收取 61.77 欧元;应供应商要求进行特殊检测,每次收取 49.85 欧元;催缴费用的服务费,每次 8 欧元。

第五节　运价机制

一、德国铁路管制运价情况

客运方面,德国政府认为长途铁路运输属于商业性运输,因此实行市场调节价;短途铁路运输属于公益性运输,由德国各州政府交通运输主管部门负责运输经营权的授权工作。因此,短途铁路运价受到一定管制,由各州政府交通运输主管部门与包括德铁地方公司在内的短途铁路运输企业共同商议确定运价。同时,在部分特殊时期,德国联邦政府也会出台管制运价政策。如为了缓解新冠疫情造成的铁路客运量下降情况,德国联邦政府于 2022 年二季度推出“9 欧元月票”政策,持有该月票的旅客可以无限制乘坐短途铁路运输列车;2023 年 5 月开始,德国联邦政府又将“9 欧元月票”升级为“49 欧元月票”,继续推行短途铁路运输低廉票价政策。

货运方面,德国政府对货运运价实行市场调节价。

二、德国铁路客运非管制运价机制

(一)非管制运价分类和基准运价率

德铁长途客运公司按照列车速度等级,将非管制运价分为三类:①城际快速列车(ICE)类运价,也称为A类运价,指速度等级在时速250 km左右的列车运价。②城际普通列车(IC/EC)类运价,也称为B类运价,指速度等级在时速200 km左右的列车运价。③跨地区快速列车(IRE)类运价,也称为C类运价,指速度等级在时速100 km左右的列车运价。其中,C类运价的单价变化率如图4-16所示,呈现递远递减的趋势。总体来说,旅客乘坐德铁长途客运公司列车在60 km以内的收费单价最高,二等座票价达到0.25欧元/人公里;随后收费单价分别从152 km、387 km开始降至0.20欧元/人公里、0.15欧元/人公里;进入1 000 km以后,收费单价趋近于0.1欧元/人公里。

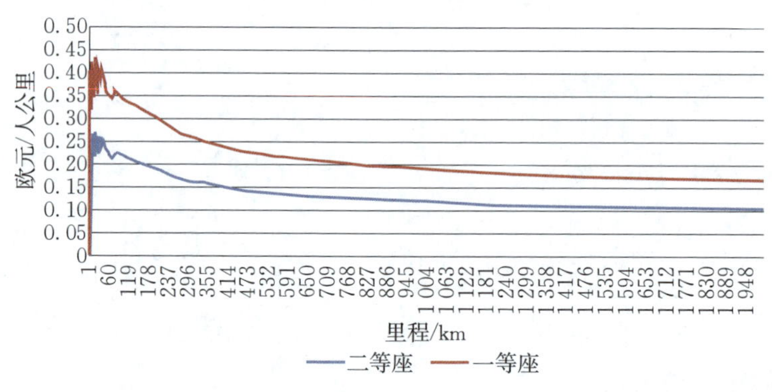

图4-16 2021年德铁长途客运公司C类运价的单价变化率

(二)优惠价格类型

1. 无优惠价格:灵活乘车价格(flexpreis)

德铁长途客运公司的基准运价又称为“灵活乘车价格”。以该价格购买铁路车票后,如果行程在100 km以内,可以在车票有效日当日乘坐同方向任意列车；如果行程在 100 km 以上，可以在车票有效日当日和次日乘坐同方向任意列车，亦即旅客可以在行程中任意中间站下车过夜，并在第二天继续乘坐同方向列车抵达终点站。

2. 有优惠价格：折扣乘车价格（sparpreis）与超级折扣乘车价格（super sparpreis）

德铁长途客运公司在基准运价之外，还推出两类折扣乘车价格。以该两类价格购买铁路车票后，必须乘坐固定车次，不能改签。其中，以折扣乘车价格购买车票的，可以在车票有效日前一日退票，退票费为 10 欧元；以超级折扣乘车价格购买车票的，不能退票或改签。

（三）定期票类型

德铁长途客运公司面向通勤、通学人群出台了完整的定期票制度，旅客可以根据实际情况购买两个车站之间的定期票，并在有效期内多次在两个车站之间的区间内乘坐列车。德铁长途客运公司通勤票价格见表 4-17。

表 4-17　德铁长途客运公司通勤票价格

单位：欧元/人

里程（km）	周票		月票		连续包月票		年票	
	二等座	一等座	二等座	一等座	二等座	一等座	二等座	一等座
1	14.3	21.6	49.1	74	39.9	60.1	457.6	689.7
2	15.2	23	52.4	79.1	42.6	64.3	488.4	737.5
3	15.7	23.7	54	81.4	43.9	66.1	503.3	758.2
4	16.7	25.2	57.1	86	46.7	70.3	532.5	802
5	17.2	26	59	89	48.3	72.9	550.3	830.3
6	18.6	28	61	91.7	50	75.1	569.8	856.3
7	20	30.1	65.3	98.3	53.5	80.5	609.9	918

续上表

里程(km)	周票		月票		连续包月票		年票	
	二等座	一等座	二等座	一等座	二等座	一等座	二等座	一等座
8	21.2	31.9	69.6	104.7	56.9	85.6	650.1	978.3
9	22.8	34.3	75.6	113.7	61.5	92.5	703.4	1 058.2
10	24.1	36.4	79.8	120.4	65	98.1	742.5	1 120
20	36.8	55.4	124.9	187.9	101.9	153.3	1 162.7	1 748.9
30	48.2	72.5	156.3	234.9	128.1	192.6	1 458.7	2 192.7
40	61.3	92	198.1	297.2	161.9	242.9	1 846.4	2 769.6
50	74.4	111.8	242.4	364.3	198.3	298	2 261.1	3 397.8
60	80.6	121	252.1	378.3	205.9	309	2 350.3	3 526.9
70	85.5	128.3	264.8	397.4	216.4	324.7	2 468.4	3 704.1
80	90.2	135.4	273.7	410.7	223.8	335.8	2 550.2	3 826.7
90	91.1	136.8	278.6	418.2	228	342.3	2 597.7	3 899.5
100	92	138.1	282.2	423.3	230.7	346.1	2 630.4	3 945.6
200	129	193.5	374.9	562.8	306.7	460.4	3 495.3	5 247.1
300	194.3	291.6	521.1	781.9	426.1	639.4	4 857.3	7 288.5
400	268.1	402.2	701.2	1 051.9	573.6	860.5	6 537.3	9 807.2

三、德国铁路货运运价机制

德铁货运公司收取的货运费用分为两大类：①基本货运服务费；②其他服务费。基本货运服务费根据轴重划分为不同区间，设定每车与距离收费标准，距离越长，轴重越大，收费越多。

（一）基本货运服务费

德铁货运公司收取基本货运服务费情况如下：①将货车分为双

轴货车与大于双轴的货车两个大类;②根据轴重所在区间设定每车计费表;③根据运行公里计算实际运费。德铁计费表分为一般计费表、空车计费表、联运计费表等。

德铁货运公司一般计费表分为双轴货车计费表、大于双轴货车计费表(货车车辆总长不超过 26.99 m)两部分。双轴货车计费表根据 13.499 t、17.499 t、21.499 t、25.499 t、30.499 t 分为五个计费区间;大于双轴货车(超重货车)计费表根据 34.499 t、39.499 t、44.499 t、49.499 t、54.499 t、59.499 t、64.499 t、69.499 t、74.499 t 分为九个计费区间。德铁货运公司双轴货车一般计费表见表 4-18。

表 4-18 德铁货运公司双轴货车一般计费表

单位:欧元/车

里程(km)	轴重(t)				
	0～13.499	13.5～17.499	17.5～21.499	21.5～25.499	25.5～30.499
100	726	726	726	799	891
110	738	738	759	848	951
120	738	738	801	891	998
130	831	831	837	936	1 049
140	831	831	879	980	1 097
150	869	869	914	1 022	1 148
160	869	869	954	1 066	1 194
170	887	887	991	1 110	1 241
180	887	910	1 033	1 153	1 294
200	926	982	1 110	1 240	1 394
220	926	1 030	1 167	1 304	1 458
240	948	1 090	1 236	1 380	1 545

续上表

里程(km)	轴重(t)				
	0～13.499	13.5～17.499	17.5～21.499	21.5～25.499	25.5～30.499
260	998	1 153	1 307	1 458	1 636
280	1 053	1 217	1 375	1 538	1 720
300	1 107	1 277	1 445	1 615	1 806
320	1 154	1 335	1 512	1 690	1 889
340	1 202	1 389	1 576	1 759	1 969
360	1 253	1 443	1 636	1 829	2 046
380	1 299	1 500	1 697	1 894	2 123
400	1 345	1 552	1 761	1 963	2 202
450	1 416	1 636	1 849	2 066	2 316
500	1 512	1 744	1 977	2 208	2 472
550	1 602	1 847	2 095	2 339	2 620
600	1 687	1 944	2 203	2 461	2 754
650	1 764	2 039	2 308	2 574	2 888
700	1 843	2 131	2 412	2 695	3 017
750	1 908	2 201	2 489	2 782	3 115
800	1 949	2 249	2 546	2 845	3 188
850	1 995	2 298	2 605	2 910	3 258
900	2 037	2 348	2 663	2 973	3 329
950	2 081	2 400	2 718	3 037	3 401
1 000	2 123	2 451	2 776	3 099	3 475
1 100	2 190	2 527	2 861	3 196	3 582

续上表

里程(km)	轴重(t)				
	0～13.499	13.5～17.499	17.5～21.499	21.5～25.499	25.5～30.499
1 200	2 275	2 628	2 975	3 326	3 723
1 300	2 363	2 730	3 092	3 452	3 870
1 400	2 451	2 830	3 205	3 582	4 009
1 500	2 540	2 931	3 320	3 711	4 150

表 4-18 包含货车租赁费，如货主使用自备车，则根据下列情况给予折扣优惠：①针对重力卸货的鞍形底车、漏斗车等货车给予 8%优惠（煤炭货物除外）；②运煤车辆给予 12%优惠；③其他类型货车给予 15%优惠。

德铁货运公司收费存在递远递减效应，双轴货车一般计费表的每车公里运价分别从运距 100 km 时的 7.26、7.26、7.26、7.99、8.91 欧元降低至运距 1 000 km 时的 2.12、2.45、2.78、3.10、3.48 欧元，降幅为 70.8%、66.3%、61.7%、61.2%、60.9%。2018 年德铁货运公司每车公里运价随公里数的变化情况如图 4-17 所示。

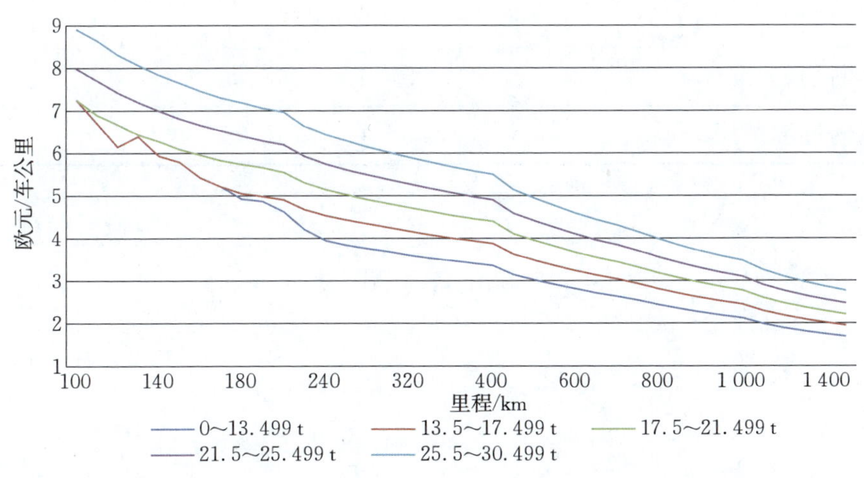

图 4-17 2018 年德铁货运公司货运单价变化情况

（二）其他服务费

德铁货运公司主要的货运其他服务收费项目及收费金额见表 4-19。

表 4-19　2018 年德铁货运公司货运其他服务费收费金额（非联运运输）

服务内容	金　额
取消调配货车/回收货车	61 欧元/车
其他公司货车临时停驻	6.1 欧元/(车・日)，同时停靠首日、末日加收 46 欧元/车
罗斯托克地区轮渡、丹麦海峡航运费	253 欧元/(车・次)
危险品追加收费	162～488 欧元/车
货运车站内运输费用	119 欧元/车(调车费)； 236 欧元/车(货物装卸费)
日常保洁费(清洗货物残渣)	30.3 欧元/车
全车保洁费(轮对清洁等)	271 欧元/车
称重费	56 欧元/车
车辆编组、解体等费用	51.4～149 欧元/车
车辆过境费用	6～173 欧元/车

第五章　西班牙铁路运营管理模式研究

2005年1月，按照西班牙“铁路部门法”(39/2003号)，西班牙政府决定实行铁路网运分离改革，并按照欧盟法规要求不断推进铁路运输市场开放。与其他国家相比，在实行网运分离改革后，西班牙是唯一一个实现铁路基础设施管理企业和主要铁路运输企业长期维持国有的国家。同时，西班牙在网运分离的基础上，进一步推进客货运输职能分离、高速铁路网与普速铁路网管理职能分离等改革，积累了一定的经验，能够为其他国家发展提供借鉴。本章着重介绍20世纪90年代以后西班牙铁路发展历程及现状。

第一节　发展历程

一、发展和改革背景

(一)铁路客货运输市场份额不断下降

截取1995年、2000年和2005年三年的铁路客货运输市场份额数据可以发现，西班牙铁路运输与公路运输旅客周转量的比值保持在接近6%，货物周转量的比值从1995年10%以上降至6%以下，说明西班牙铁路客运发展与同期公路运输发展相当，但铁路货运发展却显著落后于同期公路运输。1995年、2000年、2005年西班牙铁路运输与公路运输旅客周转量比值与货物周转量比值变化情况如图 5-1 所示。

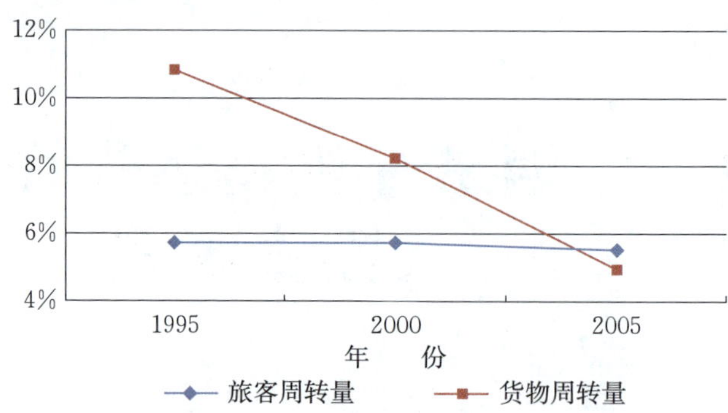

图 5-1 1995 年、2000 年、2005 年西班牙铁路运输与公路运输旅客周转量比值与货物周转量比值

（二）西班牙国铁历经多次改革，但并未扭转长期亏损的经营形势，债务负担沉重

1941 年 1 月，西班牙收购国内全部私营铁路公司，成立网运合一、客货合一的垄断性国有公司——西班牙国家铁路网公司（Red Nacional de los Ferrocarriles Españoles，“RENFE”，简称“西班牙国铁”），统一管理全国的宽轨铁路（轨距为 1 668 mm，也称为伊比利亚轨距）。至 20 世纪 50 年代，原西班牙国铁相继垄断铁路客、货运输，成为西班牙垄断的铁路基础设施管理企业与铁路运输企业。1965 年，西班牙设立西班牙窄轨铁路公司（FEVE），专项经营西北部地区的窄轨铁路（轨距为 1 000 mm）。

西班牙国铁同时开展商业性运输和公益性运输两类服务，但由于两者的界限难以清晰判定，所以 20 世纪 60 年代以后，西班牙政府对西班牙国铁的运输亏损进行全额补贴。然而 20 世纪 70 年代以后，西班牙国铁的经营亏损越来越严重，到 1980 年年度亏损折合现价 56 亿欧元，造成很大财政负担，西班牙政府不得不采取多种措施督促西班牙国铁增收节支：

(1)1980—2002 年,西班牙国铁关停了超过 2 000 km 的亏损线路,帮助西班牙国铁的运营成本在 20 多年里累计降低了 60%。

(2)1984—1998 年,西班牙政府连续三次与西班牙国铁签订运输经营合同,明确经营业绩与奖惩机制,试图提高铁路运输服务质量,减少冗余。

(3)从 1989 年开始,西班牙国铁实行事业部制,将客运、货运、机车车辆维护供应、基础设施维护等业务分划为事业部性质的业务单元(UGD),每个业务单元实行单独的会计核算和考核指标,旨在促进企业的市场化发展。

(4)从 1996 年开始,西班牙政府新设铁路基础设施监管机构(GIF),负责开展铁路建设投资工作,其中绝大部分是高速铁路,相当于在高速铁路建设方面实现了局部的网运分离。如图 5-2 所示,1980—1995 年,西班牙铁路建设投资中,有 59.7%由西班牙国铁承担;2000—2003 年,西班牙铁路建设投资中,有 55.7%由铁路基础设施监管机构承担,由西班牙国铁承担部分降至 21.3%。

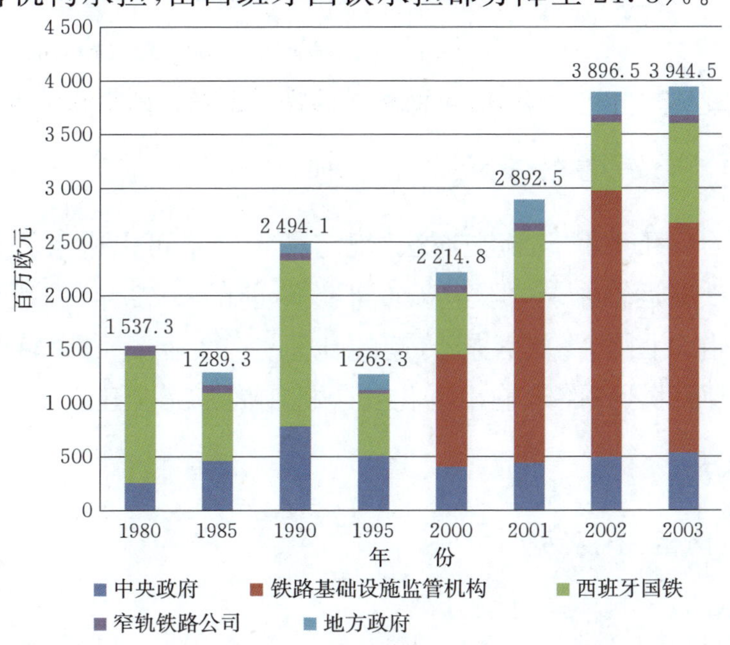

图 5-2　1980—2003 年西班牙铁路投资额度与投资主体的变化

虽然西班牙政府大力推动西班牙国铁增收节支，且在降低运输总成本方面取得很大成效，但西班牙国铁的运输总收入长期低于20亿欧元，难以实现盈利。同时，由于常年处于亏损状态，到2004年，西班牙国铁长期债务总额为54.59亿欧元，占当年西班牙国民生产总值的0.68％，占据西班牙国家政府赤字额（101.32亿欧元）的53.88％。为了解决庞大债务，提升西班牙国铁运输收入，西班牙政府决定进一步推动铁路运营管理模式改革。1980—2003年西班牙国铁主要指标的变化情况如图5-3所示。

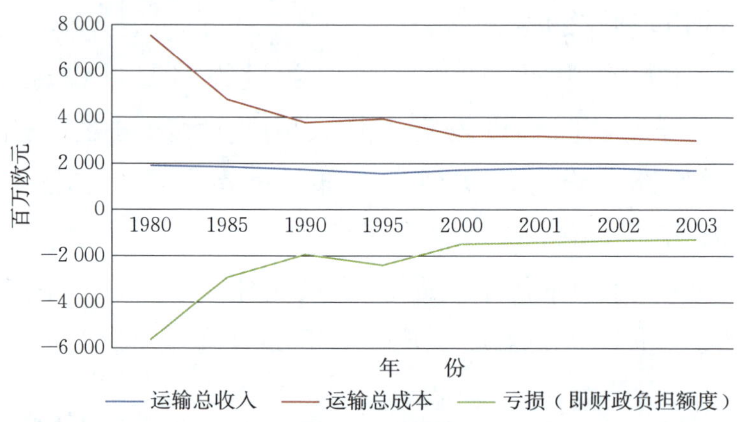

图5-3　1980—2003年西班牙国铁主要指标的变化情况

（三）缺乏完善的市场化竞争机制

1987年，西班牙“陆地交通法”规定私人资本可以进入铁路基础设施管理与铁路运输领域，但至2005年改革前的2002年，西班牙国铁旅客周转量占全国铁路旅客周转量的比重是92％、货物周转量比重是95％，说明西班牙铁路运输市场化竞争机制尚未完全建立。

二、改革举措

（一）网运分离方面

1. 原西班牙国铁网运分离

2005年1月，西班牙政府新设西班牙国铁运营公司（Renfe

Operadora),承接原西班牙国铁的铁路客货运输、铁路机车车辆维修与租赁等业务,并继续使用"RENFE"(西班牙国铁)商标;原西班牙国铁吸收合并了原铁路基础设施监管机构,成立了西班牙铁路基础设施管理公司(ADIF),承担铁路基础设施管理职能。

2. 原窄轨铁路公司的网运分离

2012 年,原西班牙窄轨铁路公司实行网运分离改革,铁路基础设施管理与铁路运输业务分别划入铁路基础设施管理公司与西班牙国铁运营公司。

3. 高速铁路网与普速铁路网管理职能分离

按照 15/2013 号皇家法令要求,2014 年,西班牙政府从铁路基础设施管理公司分立了高速铁路基础设施管理公司(Adif-AV),承接高速铁路网的全部资产与债务,负责建设与维修养护工作,促进公司进入金融市场,拓宽高铁路网建设的筹融资渠道。

(二)铁路运输市场开放方面

1. 铁路牌照制度的建立

按照"铁路部门法"(39/2003 号)第 2 条要求,西班牙政府建立了铁路牌照制度,获得牌照的铁路公司均可以进入铁路市场。随着 2006 年以后西班牙逐步开放国内铁路客货运市场,目前西班牙铁路基础设施管理公司认可欧盟其他成员国铁路基础设施管理企业颁发的铁路牌照。

2. 货运市场开放与跨境客运市场开放改革

按照欧盟第二个一揽子计划要求,2006 年西班牙铁路货运市场对欧盟成员国开放;2008—2009 年私营铁路货运商开始运营;2010 年西班牙铁路跨境客运市场对欧盟成员国开放,西班牙国铁运营公司与葡萄牙铁路(CP)、法铁集团开展跨境客运联运;2013 年西班牙铁路旅游列车市场向一般私营企业开放。

3. 处于进程中的国内客运市场开放改革

2018 年 12 月 21 日，西班牙颁布 23/2018 号皇家法令，旨在加强铁路运输企业的经营独立性、铁路监管者的公正性，宣布西班牙铁路运输行业将从 2020 年 12 月 14 日开始在 4 条铁路线打破垄断，向具有铁路运营资质的企业发放经营牌照，逐步在商业性铁路运输服务方面引入竞争，推动西班牙铁路行业市场开放进程。该项政策目前涉及三条线路：①马德里—巴塞罗那—西法边境；②马德里—莱万特；③马德里—托莱多—塞维利亚/马拉加，运营期限均为 10 年。

经过对符合条件的铁路运输企业进行筛选，目前已有西班牙国铁运营公司、伊尔莎铁路公司（ILSA，意大利国铁控股）、Rielsfera（法铁客运公司控股）三家企业相继开行旅客列车。

4. 积极寻求铁路“走出去”合资合作机遇

2021 年 3 月，西班牙国铁运营公司宣布收购捷克铁路运输企业 LEO 快速列车公司 50％股权，促进西班牙铁路国际化发展。

三、改革后铁路行业发展情况

（一）西班牙国家铁路网发展情况

截至 2021 年，西班牙国家铁路网里程为 15 632 km，其中宽轨铁路为 11 211 km，标准轨铁路为 2 983 km，混合轨铁路（三根钢轨铁路，可以同时运行宽轨与标准轨铁路）为 245 km，窄轨铁路为 1 193 km。西班牙是欧洲高速铁路网最发达的国家，截至 2021 年年末，西班牙高速铁路营业里程超过 3 600 km，位居欧洲第一，其中绝大多数是在 2005 年铁路改革之后建成的。2010—2021 年西班牙铁路网的发展情况如图 5-4 所示。

（二）西班牙铁路客货运输情况

2019 年，西班牙铁路旅客周转量为288.47 亿人公里，比实行网

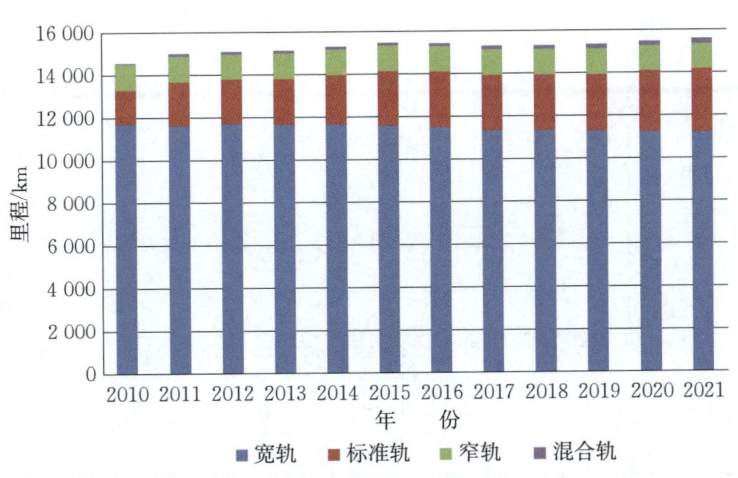

图 5-4 2010—2021 年西班牙国家铁路网的发展情况

运分离改革前的 2004 年(203.86 亿人公里)高出 41.5%。铁路运输旅客周转量市场份额从 2005 年的不足 6%增至 2019 年的 7.1%。西班牙铁路客运在 2005 年网运分离改革以后呈现良好发展势头,在一定程度上超越了公路运输的发展速度。

2019 年,西班牙铁路货物周转量为 107.1 亿吨公里,比实行网运分离改革前的 2004 年(120.18 亿吨公里)降低 10.9%。铁路货物周转量市场份额从 2005 年的 5.2%降低至 2019 年的 4.8%,降幅为 0.4 个百分点,说明铁路网运分离改革与货运市场开放竞争未能让铁路货运形成更强的竞争力。

西班牙铁路 1995—2022 年客货运输周转量变化情况如图 5-5 所示,2005—2021 年客货运输周转量市场份额变化情况如图 5-6 所示。

铁路客运的良好增长与货运的停滞发展使得西班牙铁路呈现发展不平衡的态势。2005 年以来,西班牙新建超过 2 500 km 的高速铁路,促使旅客更愿意选择铁路出行;但与此同时,普速铁路的里程缓慢下降,导致西班牙铁路货运仅能维持现状,难以恢复到 2005 年以前的水平。

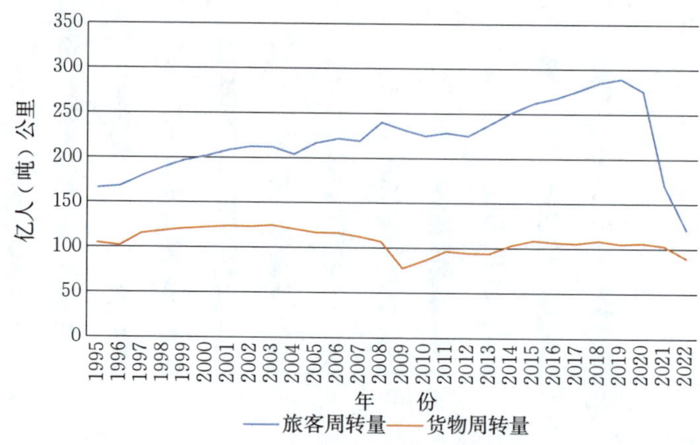

图 5-5　1995—2022 年西班牙铁路旅客周转量与货物周转量

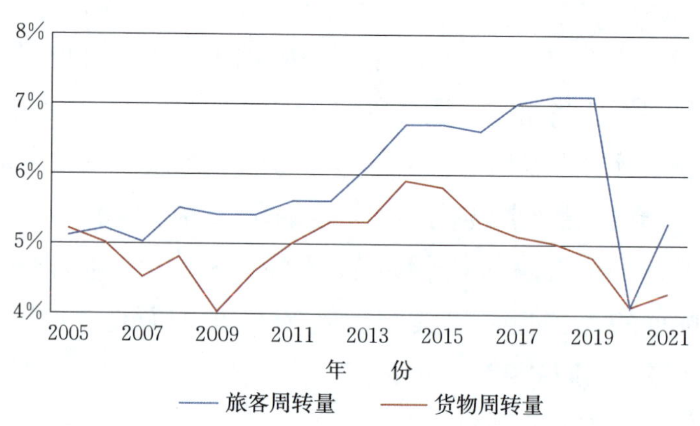

图 5-6　2005—2021 年西班牙铁路客货运输周转量市场份额变化情况

(三)西班牙国铁运营公司财务情况

2019 年,西班牙国铁运营公司总收入 40.79 亿欧元,比客货分离改革前的 2012 年(26.97 亿欧元)上涨 51.2%;净利润为 1.01 亿欧元,与 2012 年亏损 0.39 亿欧元相比,实现扭亏为盈。说明西班牙国铁运营公司的收入持续改善,但 2020—2022 年受疫情影响,公司又陷入连续亏损。

2019年,西班牙国铁运营公司缴纳的基础设施使用费为12.72亿欧元,占据当年总收入的31.2%,比2012年的比重(13.6%)提升近18个百分点,说明西班牙铁路基础设施收费逐年增高。

2012—2022年西班牙国铁运营公司主要经营指标变化情况如图5-7所示。

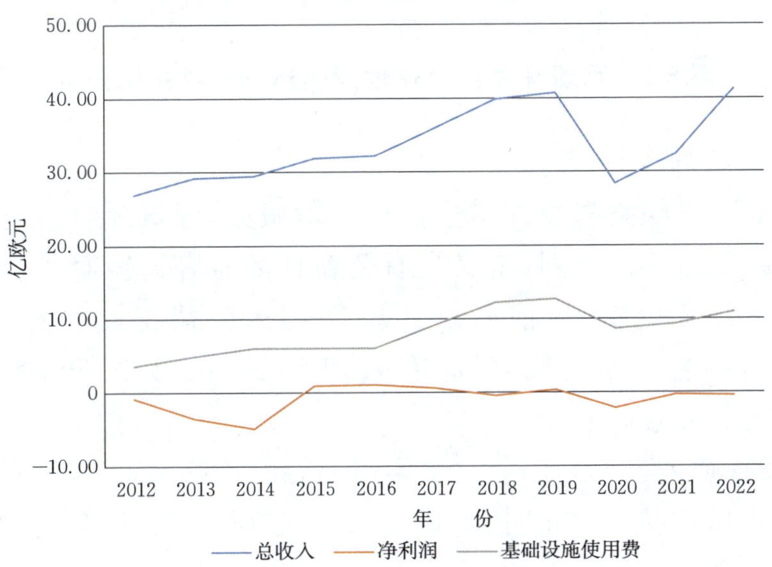

图5-7 2012—2022年西班牙国铁运营公司主要经营指标变化情况

(四)公益性运输的运营与补贴模式

1. 授权主体

西班牙铁路公益性运输的授权主体为国家与地方政府。其中,国家政府授权全国所有的国家铁路和大多数地区的铁路公益性运输项目,另有埃斯特雷马杜拉、阿拉贡、加泰罗尼亚三个自治区政府自行授权地方铁路公益性运输运营,主要情况如图5-8所示。

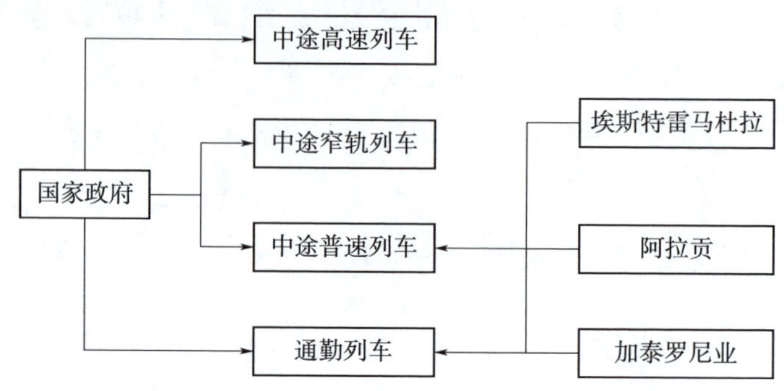

图 5-8　西班牙铁路公益性运输运营授权主体分类

2. 运营列车种类

为了区分铁路商业性与公益性运输服务，西班牙政府与西班牙国铁客运公司签订合同，定义具有公益性的旅客运输服务。合同定期重新签订并更新，目前西班牙国铁客运公司正在执行 2017 年 12 月签订的公益性运输合同，有效期为 2018—2027 年，按政府要求提供如下服务：

(1)通勤列车(cercanías)，共运行 38 条路线，全部围绕在西班牙核心城市周边，分别为：阿斯图里亚斯 3 条、毕尔巴鄂 3 条、加的斯 2 条、马德里 12 条、马拉加 2 条、穆尔西亚 3 条、圣塞巴斯蒂安1 条、桑坦德 1 条、塞维利亚 4 条、巴伦西亚 6 条、萨拉戈萨 1 条。

(2)中途普速列车(media distancia)，共运行 90 条路线，不完全围绕在西班牙核心城市周边，其中始发站是马德里 23 条、萨拉戈萨 10 条、塞维利亚 8 条、巴伦西亚 5 条。

(3)高速铁路网开行的中途高速列车(avant)，共运行 11 条路线，其中始发站是马德里的有 6 条。

(4)中途窄轨列车(FEVE)，共运行 11 条路线，均在西班牙西北部边境的窄轨铁路网运行。

专栏 5-1:西班牙铁路货运市场开放竞争后，能耗高、污染大

与 2006 年相比，2018 年西班牙铁路货运机车牵引柴油消耗量增长了 86%。原因在于私营铁路货运企业大多采用成本低廉的内燃机车，同时缺乏培训合格的机车司机，极大地增加了柴油消耗量。2006—2018 年西班牙铁路货运机车牵引柴油消耗量情况如图 5-9 所示。

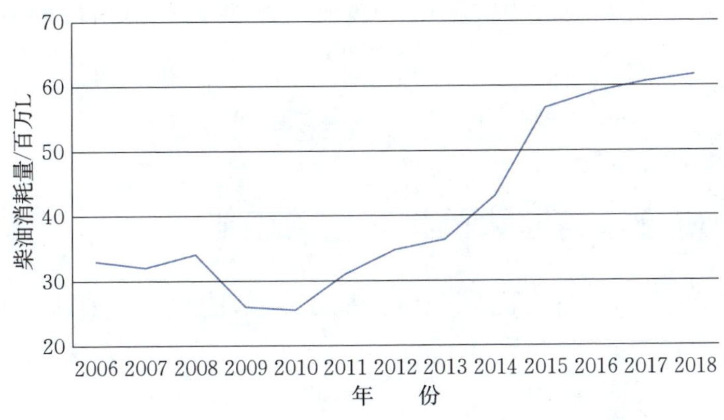

图 5-9　2006—2018 年西班牙铁路货运机车牵引柴油消耗量情况

3. 补贴政策

西班牙政府为公益性运输服务构建完善的补贴政策，在 2018—2027 年提供总计 96.94 亿欧元的运营补贴额度，弥补铁路公益性运输的成本，满足各地对于铁路公益性服务的需求。

由于西班牙政府针对公益性运输服务的亏损情况进行审核，所以每年的运营补贴均分连续三年发放。截至 2023 年年底，西班牙铁路公益性运输尚未进行公开招标，这意味着西班牙国铁客运公司在公益性运输方面并没有竞争对手。2018—2027 年西班牙政府对国铁客运公司设置的补贴额度上限如图 5-10 所示。

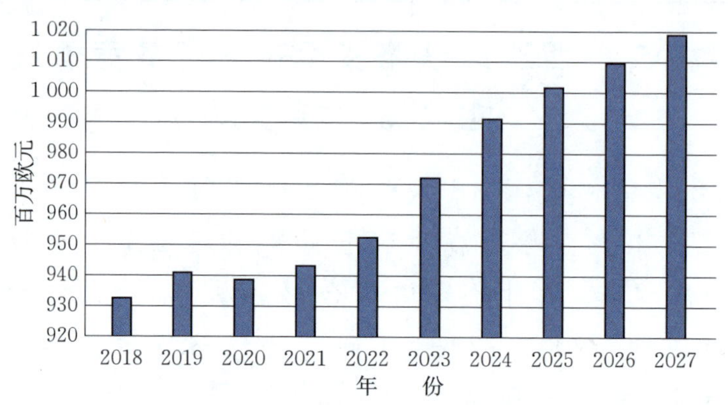

图 5-10　2018—2027 年西班牙政府对国铁客运公司的补贴额度

第二节　治理架构

一、西班牙铁路监管机构与监管职能

截至 2022 年年末，西班牙铁路治理架构情况如图 5-11 所示。

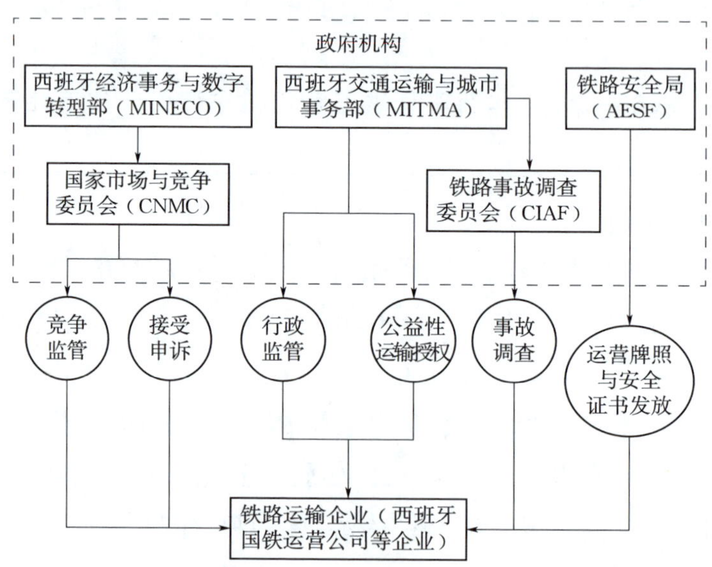

图 5-11　西班牙铁路治理架构示意

(一)行业主管部门:西班牙交通运输与城市事务部(MITMA)

西班牙交通运输与城市事务部简称“西班牙交城部”。该部门由原西班牙发展部(MFOM,1996—2020年)改组而成,负责提出和执行交通运输领域基础设施建设和发展政策,监管客货运输服务,规划基础设施投资等。具体在铁路方面:①建立铁路系统的总体组织与规章制度,促进铁路市场的正常发展;②制定铁路基础设施管理企业采用的一般收费框架和激励制度;③批准公益性运输服务合同并建立拨款核算制度;④控股西班牙铁路基础设施管理企业、高速铁路基础设施管理企业、西班牙国铁运营公司等企业,指导该类企业的经营活动。

(二)牌照发放与安全监管机构:铁路安全局(AESF)

1. 部门主要职责

铁路安全局根据1072/2014号皇家法令于2014年12月23日创建,旨在检查、分析与评估铁路运输中的安全风险,本着高质量、高效率、高透明度的原则履行下列职责:①检查铁路各子系统(线路、车站、通信信号设备、机车车辆等)是否满足安全要求,维护西班牙铁路网的交通安全。②监督互操作性组件是否满足基本要求。③颁发、更新、修改或撤销西班牙铁路基础设施管理企业与铁路运输企业的铁路运营牌照与安全证书。④提出、拟定与发展成型的安全监管框架,并监督铁路运输企业是否遵守。⑤监测事故率指标和安全目标水平,发布铁路运输安全报告。⑥管理铁路特别登记册,监督铁路从业人员的登记,以及铁路基础设施与机车车辆的存量登记等。⑦授权建立铁路维修养护中心、铁路从业人员培训中心等。⑧授予、续签、吊销铁路从业人员的执照和驾驶头衔,主管铁路从业人员的资格测试,批准获得资格的培训计划的最低内容等。⑨监管铁路危险货物运输情况。

2. 部门具体工作

(1)发放铁路运营牌照。该机构根据如下原则决定是否颁发运输企业牌照:①铁路运输企业需要有独立开展铁路客运或货运服务的能力;②铁路运输企业能确保技术人员与管理人员的专业能力及服务的安全性;③铁路运输企业能负担相关民事行为责任。

(2)颁发安全证书。该证书证明铁路运输企业拥有运输安全保障能力,相关人员能够熟练安全运用铁路机车车辆。

(3)检查机车车辆是否满足准入要求。该机构可以随时检查机车车辆是否满足西班牙铁路基础设施相关技术规范要求。如果检查结果认为铁路机车车辆存在安全风险,该机构有权中止或撤销机车车辆认证许可,或命令机车车辆的所属铁路运输企业在指定时间内进行适当的维护操作。

(三)事故调查部门:铁路事故调查委员会(CIAF)

铁路事故调查委员会隶属于西班牙交城部,旨在对西班牙铁路网发生的严重铁路事故开展技术调查,并发布改善铁路安全的结论报告。

(四)铁路基础设施收费监管部门:国家市场与竞争委员会(CNMC)

1. 历史沿革与主要职责

国家市场与竞争委员会创建于 2013 年,由国家电力委员会(CNE,1995 年成立)、电信市场委员会(CMT,1996 年成立)、铁路监管委员会(CRF,2003 年成立)、国家竞争委员会(CNC,2007 年成立)、国家音像媒体委员会(CEMA,2010 年成立)、国家邮政部门委员会(CNSP,2010 年成立)、机场经济规制委员会(CREA,2011 年成立)七家行业监管组织合并而成,旨在确保与促进西班牙所有市场与生产部门的正常运作,加强信息透明度与有效竞争。该委员会由西班牙经济事务与数字转型部(MINECO)管辖,具有组织与职能的自主权，有权监督和控制铁路部门的正常运作，履行以下职责：

（1）保证铁路基础设施服务报价的多样性，确保客观、透明与非歧视原则。

（2）保证铁路运输企业在申请基础设施运能时的平等。

（3）确定跨境铁路客运服务的主要目的是西班牙车站与欧盟其他成员国的车站之间运送旅客。

（4）确定西班牙铁路基础设施管理企业与铁路运输企业的公共服务运输合同能否实现预算平衡、服务有无风险。

（5）核实西班牙铁路基础设施管理企业与铁路运输企业的所有必要信息，并开展调查研究和审计。

（6）要求欧洲委员会研究西班牙政府在铁路运营牌照、基础设施运能分配与收费的具体措施。

2. 监管权限

针对西班牙铁路基础设施管理公司和高速铁路基础设施管理公司，国家市场与竞争委员会履行下列职能：①检查路网公告是否包含歧视性条款；②基础设施收费标准；③监督铁路运输企业与西班牙铁路基础设施管理企业之间商定收费标准的协商过程，并在适当时机开展干预；④监管铁路运营调度管理；⑤计划更新维护。

铁路运输企业可将对于西班牙铁路基础设施管理企业的意见上诉至国家市场与竞争委员会，在收齐相关信息的六周内，该委员会必须将决定通知所有相关方。另外，该委员会至少每两年与铁路运输企业的代表磋商一次，考虑他们对铁路市场发展的看法，并将结果纳入未来铁路基础设施发展的考虑范畴内。

（五）其他监管机构

1. 危险货物运输协调委员会（CCTMP）与易腐货物运输协调委员会（FRC）。两者均是跨部委合议机构，旨在协调各部委在铁路危险货物运输、易腐货物运输的规章制度管理。

2. 全国陆运理事会(CNTT)。负责陆运各行业事项的咨询与文件起草工作,针对陆运各行业的收费制度与合同标准提供建议。

二、西班牙主要铁路企业

截至 2020 年 12 月,西班牙政府授予铁路运营牌照的铁路运输企业共计 46 家,其中单独获得客运牌照的 15 家,单独获得货运牌照的 15 家,同时获得客货运牌照的 16 家。其中,主要铁路运输企业为西班牙国铁运营公司下属的西班牙国铁客运、货运公司。

(一)西班牙国铁运营公司

目前,西班牙国铁运营公司内设 6 个部门:①沟通、品牌与广告部;②董事会与管理委员会秘书部;③发展战略部;④经济与财务部;⑤运营部;⑥安全、组织与人力资源部。其中,运营部负责管辖西班牙国铁运营公司旗下的四家全资子公司,分别为西班牙国铁客运、西班牙国铁货运、西班牙国铁制造与维修公司、西班牙国铁物资租赁公司四家公司,具体开展铁路运营工作。2014 年改革后西班牙国铁运营公司组织机构如图 5-12 所示。

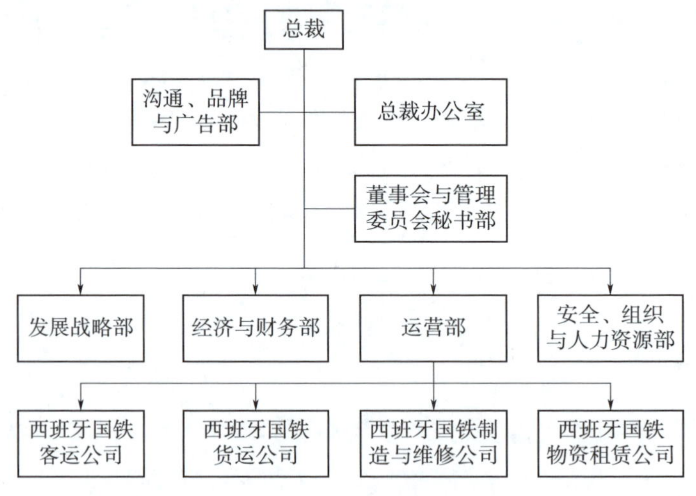

图 5-12　2014 年改革后西班牙国铁运营公司组织机构

1. 西班牙国铁客运公司(Renfe Viajeros)

西班牙国铁客运公司负责向国内与跨境客户提供客运服务、旅游服务,以及与该服务互补或关联的其他服务。下设项目协调部、安全部、通勤与公共服务事业部、高速与商业服务部、新产品研发与跨境客运部。截至2019年年底,拥有职工9 778人。西班牙国铁客运公司组织结构如图5-13所示。

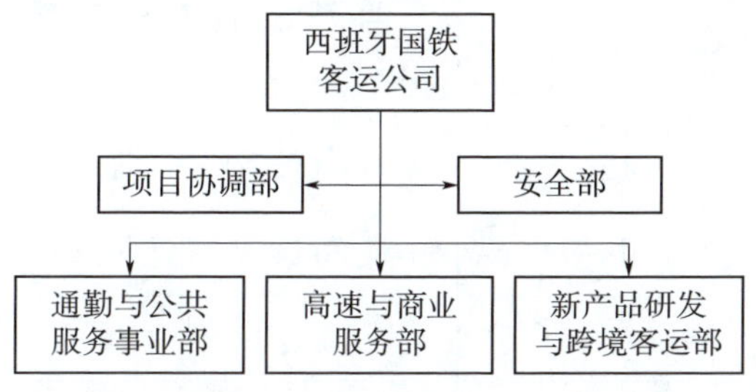

图5-13　西班牙国铁客运公司组织结构

西班牙国铁客运公司主要提供六类服务:①长途高速列车(AV),2019年以占总量4.4%的旅客发送量创造了20.2%的旅客周转量,是目前客运发展的主力;②长途普速列车(LD convencional);③中途高速列车(MD avant);④中途普速列车(MD convencional);⑤中途窄轨列车(FEVE),主要在西班牙西北部山区窄轨铁路网运行;⑥通勤列车,2019年通勤列车旅客发送量占总量的86.6%,是西班牙使用量最高的铁路客运列车产品。其中,前两种一般归类于商业性服务列车,后四种统一接受公益性运输补贴。西班牙国铁客运公司产品与服务见表5-1。

表5-1　西班牙国铁客运公司产品与服务

服务分类	运营品牌	服务特点	最高时速
长途高速列车	AVE	时速最高	310 km
	AV City	日间长途	250 km
	AVLO	廉价高速,最低价7欧元	—

续上表

服务分类	运营品牌	服务特点	最高时速
长途普速列车	Alvia	通过混合轨距轨道在宽轨、标准轨两类路网行驶	250 km
	Altaria	不通过混合轨距轨道在宽轨、标准轨两类路网行驶	200 km
	Euromed	西班牙地中海走廊行驶的列车	250 km
	Talgo	日间长途客运服务	—
	Trenhotel	夜间长途客运服务	—
中途高速列车	MD avant	在高速路网运营的中途列车	—
中途普速列车	MD convencional	在普速路网运营的中途列车	—
中途窄轨列车	FEVE	窄轨铁路运输	—
通勤列车	Cercanías(Rodalia、Aldiriak、Rodalies)	地方通勤列车	—

2019 年，除窄轨铁路服务以外，其他服务方式的旅客发送量与旅客周转量比例如图 5-14 所示。

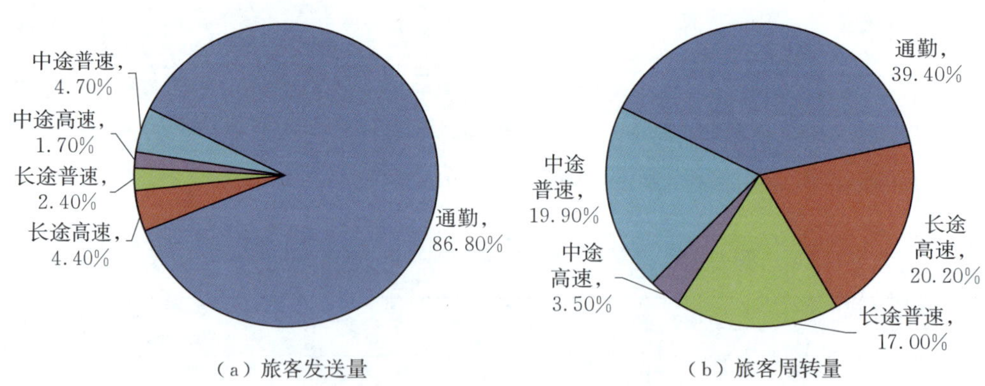

图 5-14　2019 年西班牙国铁客运公司不同服务方式旅客发送量与旅客周转量比例

财务方面，2019 年，西班牙国铁客运公司总收入为 35.99 亿欧元，同比增长 2.58%，其中运输收入 23.09 亿欧元，同比增长 2.6%，运输收入占总收入比例 64.15%；净利润 1.04 亿欧元，同比降低 12.2%。向西班牙铁路基础设施管理企业缴纳总费用为 12.65 亿欧元，占运输收入比例 54.79%。

2. 西班牙国铁货运公司

西班牙国铁货运公司主要通过铁路向国内客户提供货运服务，包括钢铁及其他大宗货物运输、散装货物运输及其他货运服务，能够参与管理国内与跨境整体物流链，提供与其互补或关联的其他服务或活动，目前正向以铁路为中心的综合物流公司方向发展，拥有 2 家控股子公司、8 家参股公司。2019 年西班牙国铁货运公司组织结构如图 5-15 所示。2019 年西班牙国铁货运公司主要运输的货物有钢铁、石油及其衍生品、化学品、木材、散装货物等，具体分品类的货物周转量比例如图 5-16 所示。

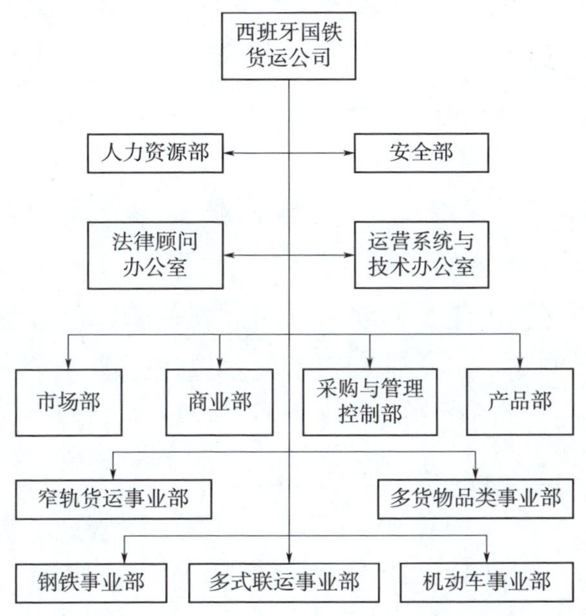

图 5-15 2019 年西班牙国铁货运公司组织结构

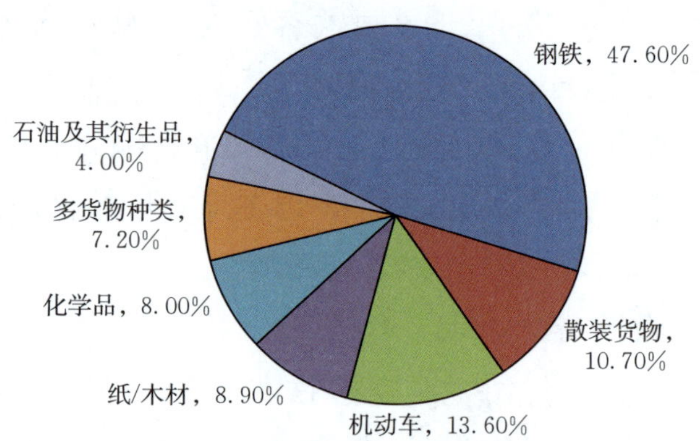

图 5-16　2019 年西班牙国铁货运公司分品类的货物周转量比例

财务方面，2019 年，西班牙国铁货运公司总收入为 2.20 亿欧元，同比增长 0.1%，其中运输收入 2.01 亿欧元，同比降低 2.7%，运输收入占总收入比例 91.7%；净利润 380 万欧元，同比增长 116.7%，实现扭亏为盈。向铁路基础设施管理企业缴纳总费用为 2 513万欧元，占运输收入比例 12.5%。

3. 西班牙国铁制造与维修公司（Renfe Fabricación y Mantenimiento Sociedad Mercantil Estatal S. A.）

西班牙国铁制造与维修公司主要业务包括：机车车辆制造、维修与改造；铁路零部件修理；工程咨询服务与设施管理；车间的设计与交付；相关补充服务。

2019 年，该公司有 3 165 名员工，维修 97 台客运机车、603 辆动车、11 876辆货车，息税前亏损为 440 万欧元。

4. 西班牙国铁物资租赁公司（Renfe Alquiler de Material Ferroviario Sociedad Mercantil Estatal S. A.）

西班牙国铁物资租赁公司旨在提供铁路服务，以出售、出租或以其他任何形式提供其拥有的机车车辆及其他设施，同时负责第三方机车车辆的管理和运营工作。

2019 年，该公司有 6 名正式员工，主要业务通过外包服务方式完成。拥有31辆中途客车、98台货运机车、2 239辆货车,息税前利润为840万欧元。

(二)西班牙其他铁路运输企业

截至2021年年底,除西班牙国铁客运公司、西班牙国铁货运公司以外,西班牙铁路市场还有10家铁路运输企业开展业务。目前,法铁、意铁等外国铁路公司控股的企业已经正式进入西班牙高铁运输市场,促进西班牙铁路市场开放进一步扩大。

三、西班牙铁路基础设施管理企业、铁路运输企业的关系

(一)铁路基础设施运能授权中的服务与收费关系

按照铁路部门38/2015号法令要求,获得西班牙政府颁发铁路运营牌照、铁路安全证书并按西班牙铁路基础设施管理企业要求购买足额保险的前提下,西班牙铁路运输企业均有权获得无歧视的铁路基础设施使用权。西班牙铁路基础设施管理企业可提供最低准入服务、基本服务、补充服务和辅助服务,并收取相应费用。

1. 最低准入服务

铁路运输企业有权使用西班牙铁路基础设施开展铁路运输服务,并由铁路基础设施管理企业提供以下最低准入服务:①铁路网相关资产的使用权,包括线路、桥梁等;②列车控制相关服务,包括信号、监管、运输及列车交通信息的通信和提供等;③提供牵引电力供电设备;④提供关于列车交通服务和可能延误的信息;⑤其他信息。

2. 基本服务、补充服务和辅助服务

铁路运输企业可以要求西班牙铁路基础设施管理企业或其他供应商向其提供其他基本服务、补充服务和辅助服务,见表5-2。

表 5-2　西班牙铁路基础设施管理企业提供的基本、补充和辅助服务项目

服务种类	编号	服务内容
基本服务	SB-1	在客货运车站中分配运能：轨道、路段、装卸等
	SB-2	燃料供应：①购买牵引柴油；②设备维护；③分配柴油等
	SB-3	国际集装箱的装卸
	SB-4	列车的编组
	SB-5	进入旅客车站的建筑物和平台(包括旅客使用车站、入口、大厅、等候区等公用设施，以及信息服务等)
	SB-6	使用信息载体
	SB-7	提供车票销售的本地服务
	SB-8	窗口售票
	SB-9	列车乘务人员的休息所
	SB-10	车站内行动不便人员协助服务
补充服务	SC-1	特殊货物运输服务
	SC-2	牵引电力供应
辅助服务	SX-3	营业时间以外的服务
	SX-4	用于铁路运输企业的移动设备的临时计数器
	SX-5	用于铁路运输企业的移动设备的存储器
	SX-6	配备登车点
	SX-7	“最后一分钟”的服务点
	SX-8	共享更衣室、储物柜
	SX-9	失物招领管理
	SX-10	贵宾休息室
	SX-12	行动不便人员上下车协助服务

(二)列车调度管理的合作关系

西班牙铁路基础设施管理企业和铁路运输企业必须根据当前法规及必要程序建立内部规则,保障列车安全准时开行。

具体来说,列车调度管理的权力归属于西班牙铁路基础设施管理企业,由铁路运输企业的职员协助进行流量调度,两者间应指定一名人员作为列车调度主管,在出现与列车运行图不符的情况下迅速做出调度决定。

通常情况下,铁路基础设施管理企业和铁路运输企业按照以下优先级进行列车调度:①已获得预留运能的列车优先于没有获得预留运能的列车。②正在列车径路中运行的列车优先于延迟运行的列车,以最大限度减少路网整体的延迟。③如果某个路段的铁路基础设施因技术故障、事故等干扰,必须采取一切措施优先恢复正常运行。

此外,铁路运输企业有义务在列车出发前与运行中及时向西班牙铁路基础设施管理企业提供必需信息;如果列车的技术特性与获得运能的要求中出现的技术特性不一致,西班牙铁路基础设施管理企业可采取适当的管制措施,必要时可以中止列车开行。

第三节　运能分配机制

西班牙铁路基础设施管理企业根据铁路运输企业的申请情况分配基础设施运能。运能分配过程中,必须基于客观、透明、平等的原则保证各铁路运输企业拥有相同的准入权限,同时预留充足的基础设施维修时间,以确保列车径路拥有足够的技术质量。西班牙铁路基础设施管理企业根据图 5-17 所示流程分配运能。

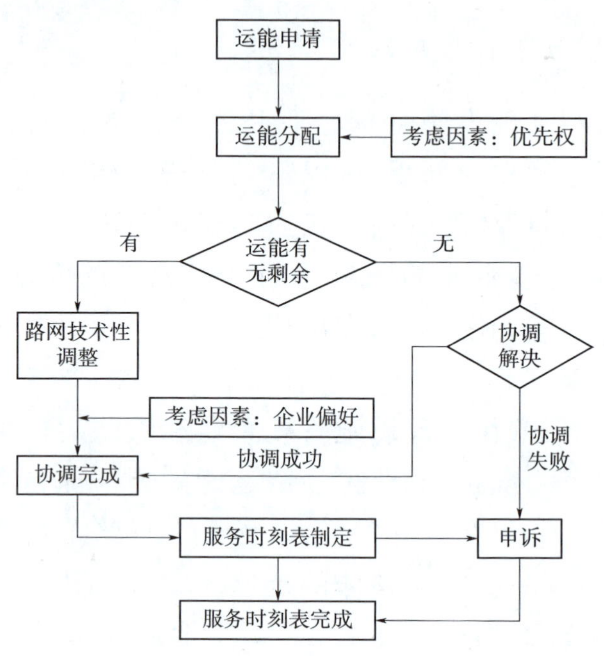

图 5-17　西班牙铁路基础设施管理企业运能审批流程示意

一、前置程序：铁路基础设施运能协议的签署机制

（一）运能协议主要分类

1. 服务提供协议

进入西班牙铁路网前，铁路运输企业需要与西班牙铁路基础设施管理企业签订服务提供协议，详细确定基础设施的基本服务、补充服务、辅助服务等，同时该类协议不能妨碍铁路基础设施管理企业与其他铁路运输企业之间达成其他协议。

2. 动力系统协议

动力系统协议包括使用牵引供电服务协议（电力机车）或燃料供应服务协议（内燃机车）。

3. 框架协议

框架协议是对铁路运输企业进行运能预授权的协议，旨在简化授权管理流程，预留时间一般大于服务时间的有效期。框架协议不确定具体的列车径路，也不妨碍其他铁路运输企业使用铁路基础设施运能。

(二)运能协议主要内容

三类运能协议均包括以下内容：①铁路运输企业的基本情况、拥有的运营牌照和证书等。②说明协议目的、提供服务的条件、燃料使用的条件、账单和支付条件等。③售卖协议有效期、终止协议的情况、协议转让、通知事项、适用法律和区域、保密和数据要求、协议修改的条件等。

(三)运能协议签订流程

1. 运能公告

西班牙铁路基础设施管理企业发布公告，按照线路与时间段告知目前可用的铁路基础设施运能。

2. 运能申请的提出与审核

铁路运输企业根据公告，申请对应的铁路基础设施运能。西班牙铁路基础设施管理企业同时浏览所有申请并寻求解决方法，如果不同铁路运输企业运能的要求之间发生冲突，需要多方开展沟通与协调。

3. 运能协议的签订与检查

西班牙铁路基础设施管理企业定期与铁路运输企业检查已签订的框架协议，铁路运输企业如不愿或无力使用(全部或部分)已授权的框架运能，应立即通知铁路基础设施管理企业并放弃使用。

二、西班牙铁路基础设施运能分配的优先级与总体进度

(一)运能分配优先级

当不同铁路运输企业之间申请的列车径路出现重合时，则根据

以下优先级安排运能：

(1)拥有专业资质的铁路运输企业优先。西班牙铁路网存在1 668 mm、1 435 mm、1 000 mm 三类不同轨距，相关专业设备有所不同，因此申请列车径路时需要首先考虑拥有专业设备的铁路运输企业。

(2)在上述条件相同的情况下，铁路公益性旅客运输列车优先。

(3)在上述条件相同的情况下，跨境列车服务优先。

(4)在上述条件相同的情况下，如果某条列车径路已涵盖在铁路运输企业和铁路基础设施管理企业事先签订的框架协议中，则该列车径路优先。

(5)在上述条件相同的情况下，如果铁路运输企业一次性申请多个时段的某条固定列车径路，则该列车径路优先。

(6)在上述条件相同的情况下，由铁路基础设施管理企业根据路网使用效率最大化原则，判断列车径路的优先权。

(二)运能分配总体进度

1. 申请阶段

铁路运输企业通过网络或纸质方式向铁路基础设施管理企业递交成套文件，主要包括以下内容：①铁路运输企业注册文件，包括铁路运营牌照、安全证书、危险货物运输资质证明等。②申请的列车径路信息，包括始发站、中间站、终到站和到发时间等信息。

根据铁路运输企业提出基础设施运能申请的实际情况，西班牙铁路基础设施管理企业将列车径路申请分为两大类四小类，具体申请类型见表 5-3。

其中，针对 A 类即铁路运输企业及时提出运能申请的情况，西班牙铁路基础设施管理企业制定如下审核流程：

(1)常规径路。针对国内与跨境常规径路的不同需求，基于路网使用效率最大化原则，提出能够满足最多列车径路申请的时刻表，审核流程见表 5-4。

表 5-3 西班牙铁路基础设施管理企业的径路申请类型

运能剩余情况	径路类型	径路特点
A. 铁路运输企业及时提出运能申请	A1. 常规径路	在一定服务时间内(大约 40 日)流量较大的列车径路，以常规形式编入运输计划内
	A2. 临时径路	铁路基础设施管理企业预先设定一部分可以开行的临时径路，以随时响应铁路运输企业临时申请(一般为列车开行前 24 h 内)某条临时径路，但不编入运输计划内
B. 铁路运输企业未及时提出运能申请	B1. 即时径路	铁路运输企业申请的列车径路不在铁路基础设施管理企业预计范围内，必须通过电子邮件向铁路基础设施管理企业的 24 h 路网管理中心或列车始发地提出申请，并通过电话确认收到，铁路基础设施管理企业根据实际情况确定是否提供即时径路。即时径路在部分情况下无法提供，即便能提供，即时径路也将失去优先级
	B2. 特殊径路	发生事故或者铁路公司不遵守运输规范的情况下的紧急申请

表 5-4 西班牙铁路常规径路的申请和审核流程

流 程	西班牙铁路网	跨境铁路网
运能申请开始	列车运行日前一年	列车运行日前一年
公布跨境列车径路目录	不涉及此流程	列车运行月前 11 个月
运能申请结束	列车运行月前 5 个月	列车运行月前 8 个月

续上表

流　程	西班牙铁路网	跨境铁路网
运能的一次分配（服务时间草案的沟通）	列车运行月前4个月	列车运行月前5.5个月
申诉	列车运行月前3～4个月	列车运行月前4.5～5.5个月
充分沟通与运能的二次分配	列车运行月前2.5个月	列车运行月前4个月
对外公布	列车运行月前1.5个月	列车运行月前1.5个月

另外，在申请常规径路方面，铁路运输企业还可以在列车开行日前21天以前提交新的列车径路申请。收到申请后，西班牙铁路基础设施管理企业将在列车开行日前14天以前答复铁路运输企业，如同意开行，则需要在列车开行日前10天以前对外公布。

(2)临时径路。针对少量临时径路的申请，铁路运输企业至少提前5个工作日向铁路基础设施管理企业提出临时径路申请；针对大量临时径路的申请，西班牙铁路基础设施管理企业可以为不同列车径路另设不同的截止日期。如有特殊且合理的原因，铁路运输企业可以在少于5个工作日内申请列车径路。相关申请只能在工作日、且必须在列车开行日前1天的12时前提交，西班牙铁路基础设施管理企业会在列车开行日前1天的18时前回复。

2. 运能分配的协调阶段

运能分配的协调阶段主要目的是解决铁路基础设施运能申请与分配之间出现的矛盾。如果同一时间段的多条列车径路存在重叠，西班牙铁路基础设施管理企业应书面致函铁路运输企业，提供如下信息:①该列车径路的其他重叠申请(但不能透露其他铁路运输企业的具体身份);②该列车径路以前的运能授权情况;③西班牙铁路基础设施管理企业建议的替代迂回路线,替代迂回路线可以进行适当的时间调整(前后 1 h)。西班牙铁路基础设施管理企业必须尽可能提供替代迂回路线方案。

收到西班牙铁路基础设施管理企业的书面致函以后,铁路运输企业有 10 个工作日的时间选择接受或拒绝提案。如果铁路运输企业拒绝提案,可与西班牙铁路基础设施管理企业继续协调。

如果多次协调仍无法为全部铁路运输企业提供满意的解决方案,西班牙铁路基础设施管理企业应根据如下原则初步制定列车时刻表:①提升效率,实现路网效益最大化;②在专用线、交通繁忙线路(如高速线、通勤线等)、公共服务线路,优先采用拥有对应技术装备的列车径路申请;③事先与西班牙铁路基础设施管理企业签订框架协议的铁路运输企业拥有优先权。

3. 运能分配的申诉阶段

列车时刻表初步制定后,铁路运输企业有一个月的期限可以针对有异议的列车径路提交申诉。西班牙铁路基础设施管理企业在五个工作日内对常规径路进行回复,两个工作日内对临时径路进行回复,并最终制定列车时刻表。

(三)运能分配的后续调整机制

西班牙铁路基础设施管理企业必须每月对已分配铁路基础设施运能的使用密度进行分析。如果连续一个月里,铁路运输企业对已分配铁路基础设施运能的使用率低于 50%(该指标在部分拥挤路段提增至 80%),西班牙铁路基础设施管理企业有权修改运能分配,并书面致函铁路运输企业。铁路运输企业有 10 天的申诉期。

第四节　基础设施收费机制

一、前置条件:划定铁路线路等级和铁路运输方式类别

(一)铁路线路等级

西班牙铁路部门 38/2015 号法令第 97 条第 7 节结合线路的技术特点、维护需求、提供的服务类型和运输密度等情况,将西班牙的铁路线路分为五大类、七个等级,见表 5-5。

表 5-5　西班牙铁路线路的分类

线路类型	线路特征
A	一段线路中,超 2/3 的部分可运行最高速度大于 200 km/h 的铁路旅客列车,即归入此类
B1	一段线路中,超 2/3 的部分可运行最高速度大于 160 km /h 并不大于 200 km /h 的铁路旅客列车,即归入此类
B2	一段线路如满足每天至少运行 10 列铁路列车且以旅客列车为主、连接国外铁路线或连接编组站等条件之一,且不属于 A 类、B1 类或 C 类,即归入此类
C1	一段线路如服务于通勤枢纽且每日运输密度不低于 80 列车公里/km
C2	其他通勤线路
D	一段线路如果满足每天至少开行 2 列铁路列车且以货运列车为主、连接货运设施(港口、物流设施和私人设施)或是 A 类线路的替代迂回线路,则归入此类
E	不属于以上类型的其他线路

(二)铁路运输方式

按照铁路部门 38/2015 号法令,西班牙铁路运输方式分为六类,见表 5-6。

表 5-6 西班牙铁路运输分类

类别简称	含义	定义
VL1	第一类长途客运	除 VL2、VL3、VOT 以外的所有长途客运和旅游列车
VL2	第二类长途客运	在混合轨距线路上运行的长途旅客列车,至少有 10%的线路是伊比利亚轨距
VL3	第三类长途客运	列车运行距离超过 700 km,且始发站、途经站、终点站均不包含马德里或其支线
VCM	通勤、城市和城际客运	城市或市郊客运:在一个通勤枢纽内的客运; 城际客运:非通勤客运,或列车运行距离小于 300 km 的城际客运,不包含跨境列车和长距离的支线客运; 公益性客运
VOT	空驶列车	空驶的列车,包括空车运行和测试
M	货运	所有货物运输

二、西班牙铁路基础设施收费模式

根据西班牙铁路基础设施管理者提供的最低准入服务、基本服务、补充服务和辅助服务,铁路基础设施的收费也相应分为最低准入服务费、基本服务费、补充服务费和辅助服务费。以最低准入服务费为例,最低准入服务费分为两类:①西班牙铁路网使用费;②西班牙铁路基础设施管理企业拥有的服务设施的使用费,见表 5-7。

表 5-7　西班牙铁路部门 38/2015 号法令规定的铁路费用类别

<table>
<tr><th>收费项目</th><th>收费类别</th><th>相关的成本支出</th></tr>
<tr><td rowspan="3">铁路网使用费</td><td>运能分配费</td><td>运能分配、交通管控、安全安保设施的支出</td></tr>
<tr><td>线路使用费</td><td>线路维护部门的支出，不包括电气化设施和轨距转换器的维修支出</td></tr>
<tr><td>牵引电力转换与分配设施使用费</td><td>维护电气化设施支出</td></tr>
<tr><td rowspan="5">铁路基础设施管理企业拥有的服务设施的使用费</td><td>客运站使用费</td><td>客运站的维修与保养费用</td></tr>
<tr><td>轨距转换器使用费</td><td>轨距转换器的维修与保养支出</td></tr>
<tr><td>列车在客运站停车、开展商业化客运等业务时的站台和轨道使用费</td><td>客运站轨道的维护和保养支出</td></tr>
<tr><td>客运编组站使用费</td><td rowspan="2">编组与调车、车辆维护清洗、燃料供应站点的轨道维护、保养和更新的支出</td></tr>
<tr><td>货运编组站使用费</td></tr>
</table>

（一）西班牙铁路网使用费

1. 运能分配费

根据西班牙铁路部门 38/2015 号法令第 97 条第 5 节的规定，该收费主要考虑运能分配、交通管理、交通安全和更换安全设施、运输控制所发生的直接归因于铁路服务运营的支出。

运能分配费分为两类：①一般费用。根据铁路运输企业开展运输的列车公里数计费，收费标准见表 5-8。②附加费用。在铁路运输企业未完成或超额完成协议约定的运能时收取的费用，其中旅客列车公里大于或小于约定数的 2%、货物列车公里大于或小于约定数的 15%时,启动附加费用的收费,收费标准见表 5-9。

表 5-8 运能分配一般费用的收费标准

单位:欧元/分配的列车公里

运输分类	VL1	VL2	VL3	VCM	VOT	M
A 类线路	1.676 7	1.487 3	1.735 0	1.606 9	1.777 6	0.444 6
其他类线路	0.508 2	0.513 3	0.511 8	1.385 1	0.411 0	0.072 4

表 5-9 运能分配附加费用的收费标准

单位:欧元/不足或超过的列车公里

运输分类	VL1	VL2	VL3	VCM	VOT	M
A 类线路	8.637 1	3.345 8	5.444 6	3.374 4	1.508 9	1.291 0
其他类线路	0.926 5	0.935 8	0.933 2	4.884 9	0.750 0	0.131 9

2. 线路使用费

线路使用费分为两类:①一般费用。根据每个铁路运输企业按线路等级和运输分类运行产生的列车公里收取的费用,收费标准见表 5-10。②附加费用。指铁路网使用强度过高的情况下额外收费,收费标准见表 5-11。

表 5-10 线路使用一般费用的收费标准

单位:欧元/运行的列车公里

运输分类	VL1	VL2	VL3	VCM	VOT	M
A 类线路	3.641 4	3.004 3	3.785 5	2.331 6	0.979 7	1.105 5
其他类线路	0.724 7	0.732 0	0.729 9	1.975 2	0.586 5	0.103 2

表 5-11 线路使用附加费用的收费标准

运输分类		VL1	VL2	VL3	VCM	VOT	M
A 类线路（欧元/百人客座公里）	马德里—巴塞罗那—法西边境	1.761 1	0	0.302 3	0.495 9	0	0
	马德里—托莱多—塞维利亚/马拉加	0.864 7	0	0.196 2	0.321 8	0	0
	其他 A 类线路	0	0	0	0	0	0
非 A 类线路（欧元/列车公里）		0	0	0	2.359 7	0	0

3. 牵引电力转换与分配设施使用费

牵引电力转换与分配设施使用费的收费标准见表 5-12。

表 5-12 牵引电力转换与分配设施使用费的收费标准

单位:欧元/列车公里

运输分类	VL1	VL2	VL3	VCM	VOT	M
A 类线路	0.486 5	0.431 5	0.504 4	0.466 5	0.529 2	0.185 5
其他类线路	0.201 8	0.203 9	0.203 3	0.550 0	0.163 5	0.028 7

（二）铁路基础设施管理企业拥有的服务设施的使用费

1. 客运站使用费

客运站使用费包括车站维护、更新、提供最低准入服务的相关成本,以及与车站监控服务和旅客行李服务相关的成本。一等站至五等站客运站收费标准见表 5-13,六等站按照所在大区位置设定统一收费标准。

表 5-13　客运站(一等站至五等站)的收费标准

单位:欧元/列车停靠次数

车站分级	收费类型	长途	城际	通勤
一等站	终到站	164.000 0	33.784 2	8.108 2
	中间站	63.780 0	13.138 3	3.153 2
	始发站	182.220 0	37.538 0	9.009 1
二等站	终到站	78.110 0	16.090 4	3.861 7
	中间站	30.380 0	6.257 4	1.501 8
	始发站	86.790 0	17.878 2	4.290 8
三等站	终到站	75.211 1	15.042 2	3.610 1
	中间站	29.247 0	5.849 7	1.403 9
	始发站	83.567 8	16.713 6	4.011 3
四等站	终到站	33.483 0	6.696 6	1.607 2
	中间站	13.021 2	2.604 2	0.625 0
	始发站	37.203 4	7.440 7	1.785 8
五等站	终到站	13.479 3	2.695 9	0.647 0
	中间站	5.241 9	1.048 4	0.251 6
	始发站	14.977 0	2.995 4	0.718 9

除上述收费外,西班牙高速铁路基础设施管理机构(Adif 高速)根据每个车站不同类型运输的实际上下列车旅客人数,对一等站至五等站收取附加费用,见表 5-14。

表 5-14　Adif 高速的客运站附加费用的收费标准

单位:欧元/进出站旅客人次

旅客类型	长途	城际	通勤
收费标准	0.408 4	0.087 1	0.020 9

2. 轨距转换器使用费用

轨距转换器的使用费用为 134.821 1 欧元/次。

3. 列车在客运站停车、开展商业化客运等业务时的站台和轨道使用费

列车在客运站停车、开展商业化客运等业务时的站台和轨道使用费分为两类：①列车的停放费用，按照停车时段和停放时间收费，收费标准见表 5-15。②列车在车站进行其他业务时的停放费用，如列车内外部清洁，车载服务设备的装卸，上水及使用燃料设施、电源插座、厕所排污设施等的费用，收费标准见表 5-16。

表 5-15　列车的停放费用收费标准　单位：欧元/列

车站等级	停车时段：5:00—23:59			停车时段：0:00—4:59		
	15～45 min	45～120 min	120 min 以上	15～45 min	45～120 min	120 min 以上
一等站	2.245 8	3.368 8	4.491 7	1.122 9	1.684 4	2.245 9
二等站	1.122 9	1.699 8	2.245 8	0.561 5	0.849 9	1.122 9

表 5-16　进行其他业务时的列车停放费用收费标准

单位：欧元/次

业务内容	车站等级	收费标准
列车内外部清洁	一等站、二等站	0.681 8
	三等站至六等站	0.568 1
车载服务设备的装卸与使用水龙头、燃料设施、电源插座、厕所排污设施等	一等站、二等站	0.672 2
	三等站至六等站	0.560 1
其他服务		0.394 7

4. 其他设施设备的使用费

其他设施设备包括轨道、悬链线、道岔、货场等相关设施设备，收费标准见表 5-17。

表 5-17　其他设备的使用费收费标准

设备	收费标准(每年)	单位
基本设备		
轨道	5 402	欧元/m
悬链线	1 826	欧元/条
道岔(手动)	564 755	欧元/组
道岔(遥控)	2 165 954	
Ⅰ型货场(混凝土/铺路石)	19 340	欧元/m
Ⅱ型货场(附楼)	11 323	
Ⅲ型货场(砾石)	5 191	
轨道相关设备		
入轨走廊	1 191	欧元/m
路轨照明	1 368	
货场照明	2 026	
消防网络	5 953	
装卸设施	52 490	
可选设备		
油脂收集盘	521 516	欧元/组
燃料收集盘	820 049	
客车楼梯	20 945	
卸货沟	118 050	
维修沟	188 388	
装卸坡道	602 613	
水龙头,压缩空气	43 750	

第五节 运价机制

一、西班牙铁路运价管制情况

(一)管制范围

西班牙铁路通勤列车、中途列车均接受西班牙政府拨付的铁路公益性运输补贴,相关列车的运价也由政府确定。西班牙长途旅客列车和货物列车等商业性服务运价由铁路运输企业自行确定。

在特殊状态下,政府也会通过拨款方式调节商业性服务运价。如2022年四季度,西班牙国家政府向西班牙国铁客运公司拨付360万欧元,用于降低13列运行时间在100 min以内的高速列车(AVE)50%的运价。

(二)管制运价情况

以西班牙国铁客运公司在马德里和巴塞罗那的通勤客运为例,两个城市的通勤列车均可以分为普通票、10次卡、月卡、学生季卡等类别,方便不同类型旅客出行使用。马德里的西班牙国铁通勤客运运价费率见表5-18,巴塞罗那的西班牙国铁通勤客运运价费率见表5-19。

表5-18 马德里的西班牙国铁通勤客运运价费率

单位:欧元

客票种类	不跨区或跨1区	跨2区	跨3区	跨4区	跨5区	跨6区
普通票	1.7	1.85	2.6	3.4	4.05	5.5
10次卡	10	13.7	18.55	24.3	28.55	38.45
月卡	28.9	36.7	59.15	68.7	80.95	92.9
学生季卡	87.75	110.9	179	208.35	258.75	328.45

表 5-19　巴塞罗那的西班牙国铁通勤客运运价费率

单位：欧元

客票种类	不跨区或跨 1 区	跨 2 区	跨 3 区	跨 4 区	跨 5 区	跨 6 区
普通票	2.2	2.55	3.5	4.2	5	6.3
10 次卡	9.2	14.7	21.75	28.25	34.35	42.9
月卡	34.55	41.25	63.6	78.25	94.55	113.3
学生季卡	124.5	140.7	200.2	238	281.3	336.9

二、西班牙铁路客运运价的加价和优惠机制

（一）渠道加价机制

旅客可以通过多种方式购买西班牙国铁客运公司的车票。其中，西班牙国铁客运公司对于通过自助购票机、电话等方式购票的旅客，额外收取 3.5%的服务费；对于在车站购票的旅客，额外收取 5.5%的服务费。额外收取的服务费均用于弥补西班牙国铁客运公司开展售票的人员、场地、设备费等。

（二）中长途客运优惠机制

西班牙铁路中长途客运运价的优惠主要有一般优惠、特殊人群优惠、团体票优惠、通行卡优惠，见表 5-20～表 5-23。

表 5-20　中长途客运一般优惠情况

客票种类	客票特点	能否选座	能否改签	退票费
往返票	降价 20%	可以	可以	最低 15%票价
灵活票	可随时出行与改签	可以	可以	5%票价
promo+	最高降价 65%	不可以	20%改签费	30%票价
多次票	每次乘坐降价均可达 20%	可以	可以	最低 15%票价

表 5-21　中长途客运特殊人群优惠情况

面向人群	优惠卡优惠条件解释	细分车种	降价幅度
儿童（0～14 岁）	家庭出行	全部列车	4 岁以下儿童：免费乘车；4～14 岁儿童：40％
青年人（14～25 岁）	折扣卡（Tarjeta + Renfe Joven 50）	高速铁路、长途列车	提前 30 日购票 50％；提前 15～30 日购票 40％；提前 15 日内购票 30％
		中途高速、中途列车	25％
	青年卡（youth card）	高速铁路，长途、中途高速、中途列车，窄轨铁路	20％
老年人（60 岁以上）及残疾人	瑞福金卡（tarjeta dorada）	高速铁路、长途列车	周二、周三、周四、周六 40％；周一、周五、周日 25％
		中途高速列车	周一至周五 25％；周末 40％
		中途列车	40％
大家庭	4 人以上	全部列车	20％～50％
活动人群	75 人以上	全部列车	最高 30％，提前 4 日预约

表 5-22 中长途客运团体票优惠情况

团体票种类	细分	降价幅度
4～9 人	4、5 人	25%
	6、7 人	30%
	8、9 人	35%
10～25 人	高速铁路、长途列车	单程:20%; 往返:30%; 4 岁以下:免费(最多 4 人)
	中途高速	15%
	中途列车	20%; 4 岁以下儿童免费; 4～13 岁儿童 40%
	通勤列车	单程:30%; 往返:40%; 12 岁以下儿童:50%
25 人以上	协议种类	协议降价

表 5-23 中长途客运通行卡优惠情况

通行卡种类	细分车次	降价幅度	有效期
BONO AVE 卡	AVE 或 AVE 与长途列车的联乘(最高 10 次,相同行程)	35%	4 个月
BONO AVE 灵活卡	AVE 或 AVE 与长途列车的联乘(最高 10 次,灵活行程)	特殊议价	4 个月
BONO AVE 合作卡	AVE 或 AVE 与长途列车的联乘(4 人相同行程)	30%	4 个月

续上表

通行卡种类	细分车次	降价幅度	有效期
Tarjeta Plus	avant(每日)	特殊议价	1个月
Tarjeta Plus 10	avant(最多8日10行程)	特殊议价	2个月
Tarjeta Plus 10～45	avant(最多45日10行程)	特殊议价	45天
Tarjeta Plus 10 学生	avant(学生专用)	特殊议价	2个月
地区月卡	普速中途列车	特殊议价	固定期
Renfe 西班牙卡	高速铁路,长途、中途高速、中途列车	特殊议价	6个月

专栏 5-2:铁路运输企业分担铁路基础设施的支出

西班牙铁路基础设施管理公司与高速铁路基础设施管理公司制定高昂的基础设施收费标准,促使铁路运输企业提升铁路运输运价,形成费用转嫁现象。以马德里至巴塞罗那高速铁路为例,线路使用费高达运价的45%,导致目前铁路运输运价较高。2019年,西班牙国铁运营公司缴纳的基础设施收费高达12.72亿欧元,占当年总收入的三成以上,说明目前西班牙铁路基础设施的维修更新与改造费用在一定程度上由铁路运输企业分担。

第六章　欧洲典型国家铁路运营管理模式经验教训及启示

第一节　经验教训

一、铁路基础设施总体上由国家统一管理

1991年欧盟铁路改革启动至今三十年来，除英国在1993—2002年一度实行铁路网私有化政策以外，其余国家铁路网，特别是干线铁路始终维持国有。具体来说，英国铁路基础设施由国有全资企业——英国铁路网公司管理；法国、德国铁路基础设施由国家全资控股的法铁、德铁股份公司管理，其中基础设施管理职能由法铁、德铁的全资子公司——法铁路网公司、德铁路网公司承担；西班牙铁路基础设施的高速铁路网和普速铁路网分别由西班牙国家政府全资控股的高速铁路基础设施管理公司和铁路基础设施管理公司管理。2022年，英国、法国、德国、西班牙四国国家铁路网公司管理的铁路营业里程占本国铁路营业里程的比例分别为96.45%、97.66%、86.18%、96.30%。

二、政府始终保持对铁路行业的大力支持

（一）主动承担铁路历史债务，帮助铁路企业轻装上阵

各国政府在开展铁路改革时，有序处置国有铁路企业长期负

债，帮助铁路企业化解经营压力。英国国家政府在2002年改革时，出资3亿英镑帮助铁路网公司处置债务。法国国家政府在1997年、2014年、2018年三次改革前后，分别承担国铁企业的163亿欧元、108亿欧元、350亿欧元债务。德国联邦政府在1994年改革时，承担两德铁路企业340亿欧元债务。西班牙国家政府在2005年改革时，通过多种方式承担西班牙国铁55亿欧元债务。

（二）加大政府直接投资，保证铁路基础设施投资力度

各国政府开展基建投资，帮助铁路企业化解经营压力。英国政府曾在1993年改革中将铁路基本建设投资职能全盘移交给私营企业路轨公司，但此举导致铁路基础设施年久失修，进而酿成安全事故，只得在2002年改革中重新将铁路基础设施的投资建设收归国有，重新由政府进行基础设施投资建设。2009—2019年，英国政府铁路基建投资年均43.56亿英镑。法国政府在2022年12月出台铁路货物单元列车援助计划，预计在2025年年底累计投入4.5亿欧元，促进货物运输“公转铁”，降低碳排放和交通拥堵。

（三）签署公益性补贴合同，优化公益性补贴机制

欧洲典型国家各级政府与铁路运输企业之间订立公益性运输合同，在合同中分别明确公共行政主体和铁路运输企业的责、权、利。英国国家政府采用特许经营方式，将公益性运输约定在特许经营合同中。法国大区政府自行开展巴黎大区列车、大区快速列车等线路运营招标，包含公益性运输内容。德国将短途运输定位为公益性运输，由州政府直接开展竞争性招标。西班牙国家政府通过定向委托的方式与西班牙国铁运营公司签订公益性运输合同，与此同时各地方政府也围绕本地区内的公益性运输开展招标。

例如，西班牙国家政府从2013年起与西班牙国铁签署公益性旅客运输合同，目前正在履行第三期合同，有效期是2018年至

2027年，年均补贴上限9.69亿欧元。合同中明确将38条通勤列车、90条中途普速列车、11条中途高速列车和11条中途窄轨列车纳入公益性运输补贴范围，由西班牙交通运输和城市事务部每年开展考核，在补贴上限的基础上，对于不达标、不合格工作实施惩罚，在第二年向西班牙国铁清算上一年度补贴金额。

三、面向市场公布运能分配和收费规则

（一）公布铁路基础设施运能分配原则

欧洲典型国家铁路基础设施管理企业向社会公开运能分配规则，普遍按照专业资质优先、公益性优先、跨境列车优先、高频次优先等原则开展基础设施运能分配。专业资质优先原则是指：当运输特定类型旅客或货物时，拥有特殊专业资质的铁路运输企业优先获得运能。公益性优先原则是指：履行公益性运输服务的铁路运输企业优先获得运能。跨境列车优先原则是指：欧盟各成员国之间的跨线运输优先于国内运输。高频次优先原则是指：当同一铁路运输企业能在相同列车径路以更高频次提供服务时，更有可能获得运能配额。

（二）公布铁路基础设施收费规则

欧洲典型国家铁路基础设施管理企业向社会公布基础设施收费的基本原则、收费项目与计算规则，普遍按照收费源于成本、设置下浮底线、动态实时调节等开展收费业务，不断提升自身的透明度。铁路基础设施运能收费的原则如下：

1. 收费源于成本原则。根据铁路基础设施投资运维、路轨服务等业务的成本项实际发生数额分别收取专项费用，总体分为固定收费（弥补基础设施投资运维费用）、可变收费（弥补路轨、通信信号、电力等直接费用），做到收费专款专用。

2. 设置下浮底线原则。铁路运输企业接受铁路基础设施管理企业的服务，必须通过各种项目缴纳一定额度的最低使用费。

3. 动态实时调节原则。铁路基础设施管理企业根据政府的要求,定期调整收费项目与具体收费费用。

收费科目方面,英国主要收取基础设施成本费、车站长期收费、管理费、可变线路使用费、电气化设施使用费、牵引电费等。法铁路网公司主要收取线路使用费、电力牵引费用、电力系统损耗费、市场费、准入费等。德铁路网公司主要收取最低准入费、车站使用费、牵引电费等。西班牙铁路基础设施管理公司和高速铁路基础设施管理公司主要收取运能分配费、线路使用费、牵引电能转换与分配设施使用费、客运站服务费、轨距转换器使用费、车站商业使用费、其他设备使用费等。

四、优化调整铁路客货运价机制

(一)客运运价和票制多元化

目前,英国、法国、德国、西班牙的铁路客运公司均制定了类型多样、灵活适配的客运运价体系,充分满足老人、儿童、学生、工薪阶层、大型团体等群体的实际需求,并推出通勤票、往返票、预购票、升级票等特殊票制。

(二)货运运价简明化

目前,法铁货运公司、德铁货运公司等铁路货运企业大多采用简单指标构建货物运价体系,如货重、轴重、距离别、空车与否等,降低铁路货物运输成本计算的复杂性。

第二节　相关启示

一、铁路运营管理模式改革需要循序渐进

(一)铁路体制机制改革不应过激

以英国为例,英国 1993 年改革中,同时采用了铁路私有化、网

运分离、运营市场开放等多项措施，导致系统内交易成本激增，叠加私营资本固有的逐利性和短视性弊端，英国铁路行业一度陷入动荡。1993 年改革后，英国政府尝试通过私营资本开展铁路投资更新，但私营资本关注短期利润与投资回报，倾向于投资机车车辆，较少对沉淀性强、回收周期长的基础设施更新改造，导致铁路网老化严重。1996—2001 年铁路事故数量同比增加 75.78%，旅客死亡人数增加 23%。为了保障旅客安全，2001 年后英国政府加大对铁路基础设施的财政补贴，2018-19 财年总补贴额比 2001-02 财年增加 2.78 倍。

(二)铁路监管职能不宜分散

欧洲典型国家根据业务环节和领域分别设置四类主要监管主体：①铁路准入和安全监管机构，主管运营牌照、安全证书等准入资质的发放。②铁路安全事故调查机构，负责独立开展事故调查和原因总结。③铁路市场竞争监管机构，负责基础设施运能授权与收费监管。④铁路服务质量监管机构，负责监控铁路运输企业的服务质量。此外，部分欧洲典型国家设置了综合性竞争监管机构，其监管范畴涵盖铁路运营领域，如英国竞争与市场管理局、法国竞争管理局、德国联邦卡特尔局等。欧洲典型国家铁路主要监管机构设置情况见表 6-1。

表 6-1 欧洲典型国家铁路主要监管机构设置情况

国家	牌照发放与安全监管机构	基础设施运能授权与收费监管机构	事故调查机构	服务质量监管机构
英国	铁路与公路办公室		铁路事故调查处	交通关注机构
法国	国家铁路安全管理局	铁路和公路运营监管局	地面交通事故调查局	运输服务质量管理局

续上表

国家	牌照发放与安全监管机构	基础设施运能授权与收费监管机构	事故调查机构	服务质量监管机构
德国	联邦铁路局	联邦网络局	联邦铁路事故调查中心	联邦铁路局
西班牙	铁路安全局	国家市场与竞争委员会	铁路事故调查委员会	—

监管主体分散容易导致铁路运输企业疲于应付政府监管，各类证照申请审批流程冗长。以英国为例，英国在 2020 年以前实行的特许经营协议签订流程烦琐，虽然几经简化，但仍需与英国交通部、铁路与公路办公室、铁路网公司等机构签订多项协议，申请周期至少需要 28 个月，为新进入者设置了较高的行政门槛，事实上限制了新的铁路公司参与投标。截至 2020 年，英国铁路客运市场近 80% 的铁路公司由 4 家私营大型铁路客运集团控制；英国铁路货运市场近 90%市场份额由 4 家大型铁路货运集团控制，其中 3 家是私营企业，1 家是国有企业，即德铁货运公司。

（三）不同类型铁路的发展平衡不容忽视

以西班牙为例，西班牙高速铁路与普速铁路的基础设施管理企业分离后，高速铁路网扩张速度不断增加，但普速铁路业务却出现萎缩，特别是铁路货运业务萎缩严重。2019 年，西班牙铁路货物周转量较 2004 年降低了 12.9%，说明西班牙建设高铁释放的普速铁路货运能力并没有被充分利用，铁路高普之间、客货之间缺乏统筹协调。同时，由于私营企业压缩货运移动装备的更新改造投资，导致铁路货运牵引油耗持续攀升，环境治理压力增加。

二、铁路行业强基固本离不开政府的大力支持

(一)从国家层面协调解决铁路建设历史债务问题

欧洲典型国家政府主动承担本国铁路企业历史债务,为推进本国铁路市场化改革扫清障碍,为铁路企业轻装上阵、提质增效创造了有利条件,取得了显著成效。目前国铁集团历史债务负担较重,国家尚未对铁道部转企时的历史债务做出制度性安排,还本付息仍由国铁集团承担。

可研究从国家层面争取将国铁集团部分债务直接转化为资本金,出台铁路债转股专项制度办法。同时,可根据中央财政负担情况,适当增加对国铁集团的财政注资,或发行特种定向国债用于置换国铁集团银行贷款,解决铁路长期债务积压问题,降低资产负债率。

(二)深化落实交通领域事权责任划分方案,推进分层分类建设

欧洲典型国家政府均承担了铁路建设投资的主体责任,极大减轻了铁路企业的资金压力,为铁路企业可持续发展营造了有利的外部环境。

考虑到我国铁路建设投资、还本付息仍将维持高位,可研究交通领域事权责任合理划分,严控新增债务。特别是对于中西部铁路等公益性突出的项目,应以中央财政和地方财政为主投资,原则上全额资本金;用好地方政府专项债,落实各主体出资责任。

(三)建立铁路公益性清单,健全线路和运输补贴长效机制

欧洲典型国家政府均确定了铁路公益性运输和公益性线路清单,将公益性运输内容约定在与铁路运输企业签订的政府购买服务合同中,按照约定条款提供足额运营补贴。我国部分中西部地区铁路客货源不足,经营困难,但是对区域经济发展具有明显的促进作

用，产生的外部效益由当地政府和企业获得，形成的债务亏损由铁路企业负担。目前国家层面的铁路公益性、政策性运输补贴制度尚未建立，国家对铁路的过渡性补贴政策已到期；少数铁路企业争取到了地方政府补贴，但均采用“一事一议”方式，协调难度大、推进落实难、持续效力短。

应研究出台国家层面及地方层面分级公益性补贴机制，将政府购买服务要求固化为可执行、可考核的合同条款。同时，在公益性补贴长效机制建立前，宜保持过渡性补贴力度，并结合自然灾害等实际情况适度调增补贴额度。

（四）进一步深化运价市场化改革，对铁路相关政府指导价进行动态调整

欧洲典型国家只对具有一定公益性的铁路短途通勤旅客运输运价进行管制，一般由地方政府和铁路企业共同商议，按照“直接运营成本＋合理利润”模式，每年动态确定运价；对经营性较强的中长途旅客运输、货物运输均不进行管制，以免妨碍铁路与其他交通运输方式之间的正常竞争。2017 年以后，我国铁路普速旅客列车硬席和煤炭、石油、粮食、棉花等四类货物实行政府指导价，其中普速旅客列车硬席仍实行 1995 年运价，缺乏对物价上涨和人工成本变化等因素的考虑，四类货物运价只能在政府指导价的基础上最高上浮 15%，加重了铁路运输企业负担，也与市场实际脱节。

应研究出台铁路相关的政府指导价管理机制，如允许对普速旅客列车硬席运价进行动态调整；进一步扩大四类铁路货物运输的最高上浮空间等。

三、铁路行业行稳致远需要维持稳定的产业结构

（一）不能盲目推行网运分离，特别是完全分离改革

英国铁路由私有回归国有、法国铁路由网运分离回归网运合

一、德国铁路搁置网运分离计划并维持网运合一，都验证了“集中统一”对于铁路这类网络型基础设施行业的重要性。欧盟曾要求全部成员国实行完全的铁路网运分离，但是截至2023年年末，欧盟相关政策已有所调整，网运合一体系下的法人分离也被认为是网运分离的另一种替代形式。

（二）充分发挥全路一张网和运输集中统一调度指挥的综合优势

欧洲各典型国家无论如何改革，国家铁路网的运营管理、铁路基础设施运能的授权与收费、铁路行车调度指挥总体上仍由国家设立的铁路基础设施管理企业负责。全路一张网和运输集中统一调度指挥也是铁路最显著的制度优势，这种优势能够打破行业、区域的局限性，有利于形成铁路建设与运营并重、公益性与经营性运输协调、高速铁路和普速铁路统筹的大格局。

（三）加强国铁企业与其他铁路运输企业的沟通合作，实现互利共赢

以开放、共享的姿态主动适应铁路多元运营主体新格局。对于自主经营、非国铁控股的铁路运输企业，国家铁路主动提供机车牵引、设施设备租赁、机车车辆维修养护、人员培训、监测检验、业务咨询等专业化服务。依法合规为非国铁控股的铁路运输企业办理接轨手续，定期开展评估论证，合理安排跨线列车。持续优化清算办法，推进铁路竞争性环节市场化改革，积极吸引各类企业参与铁路投资和运营，提升铁路行业服务支撑全国统一大市场建设的能力。

四、铁路行业发展需要不断优化资源市场化配置体系

（一）推动铁路运输资源市场化配置体系建设

吸收欧洲典型国家铁路基础设施运能分配和收费等经验，充分

尊重铁路企业市场主体地位，聚焦铁路装备、客运资源、货运资源、人力资源、经营服务、设备设施修理、经营权等资源市场，深入推进建立合理有序流动、配置公平高效、价格市场决定的铁路运输资源市场化配置体系，进一步构建面向社会、公平公正、统一开放的高标准铁路运输市场，激发铁路运输企业经营活力和创造力。

（二）不断优化运价体系，提升市场主体活力

吸收欧洲典型国家铁路运输企业客运浮动定价机制的经验，深化高铁票价市场化灵活浮动机制、创新票制，扩大新型票制的覆盖范围，落实优质优价。探索货运运价体系简明化，建立以货重、轴重、距离别、空车与否为计费基础的货运运价体系，减少两端收费，有效促进货运“公转铁”，降低全社会物流成本。

（三）推动运输业与非运输业一体化经营

吸收欧洲典型国家铁路客货运输公司同步开发商旅服务、商贸物流等产品经验，以运输业带动非运输业，非运输业服务和拓展运输业。特别要推动铁路现代物流体系建设，建立运输业与非运输业之间的项目联动开发、工作联系协调、资源统筹配置、业绩联挂考核等一体化经营机制，推动新旧动能转换、激发内生动力，提高铁路服务质量和整体效益。

附　录　欧洲典型国家铁路主要指标

本书选取 2019 年和 2022 年(部分为 2021 年数据)欧洲典型国家铁路主要指标进行横向对比,供读者参考。数据来源主要包括欧洲理事会运营的欧盟数据库(Eurostat database)、欧洲主要国家铁路独立监管机构集团(IRG-Rail)发布的年度市场监测报告、英国交通部公告,以及英国铁路网公司、法铁股份公司、德铁股份公司、西班牙国铁运营公司等各国国有铁路公司相关年度年报。

附录 1　铁路营业里程相关指标

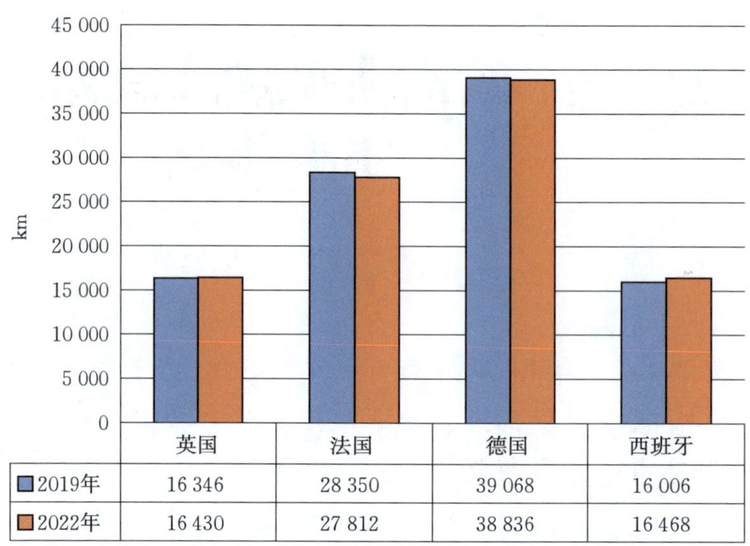

	英国	法国	德国	西班牙
2019年	16 346	28 350	39 068	16 006
2022年	16 430	27 812	38 836	16 468

附图 1-1　2019 年和 2022 年全国铁路营业里程指标

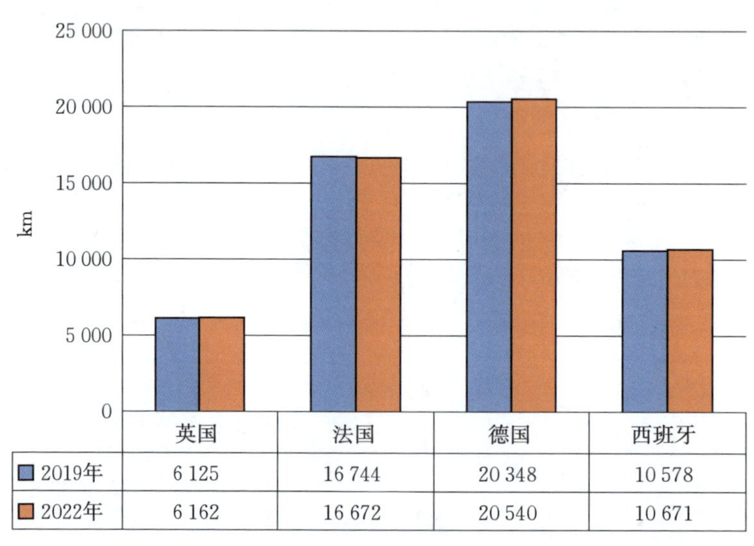

	英国	法国	德国	西班牙
2019年	6 125	16 744	20 348	10 578
2022年	6 162	16 672	20 540	10 671

附图 1-2　2019 年和 2022 年全国电气化铁路营业里程指标

附录 2　铁路客货运输指标

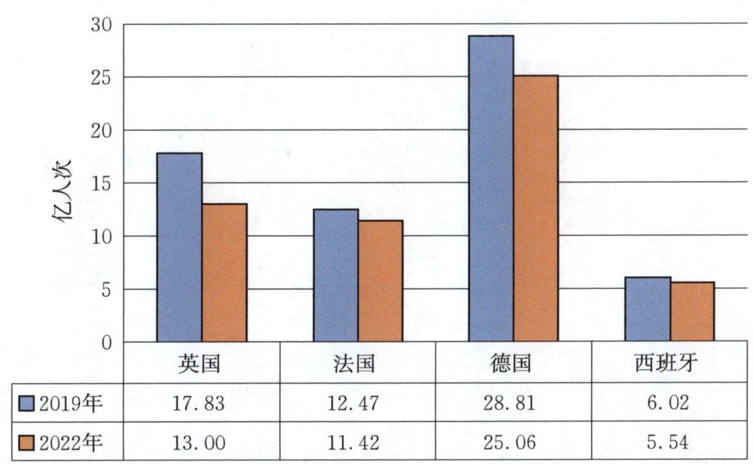

	英国	法国	德国	西班牙
2019年	17.83	12.47	28.81	6.02
2022年	13.00	11.42	25.06	5.54

附图 2-1　2019 年和 2022 年铁路客运量指标

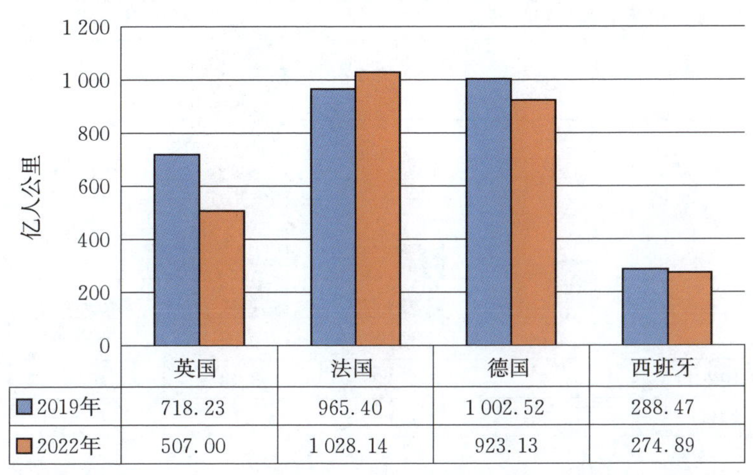

	英国	法国	德国	西班牙
2019年	718.23	965.40	1 002.52	288.47
2022年	507.00	1 028.14	923.13	274.89

附图 2-2　2019 年和 2022 年铁路旅客周转量指标

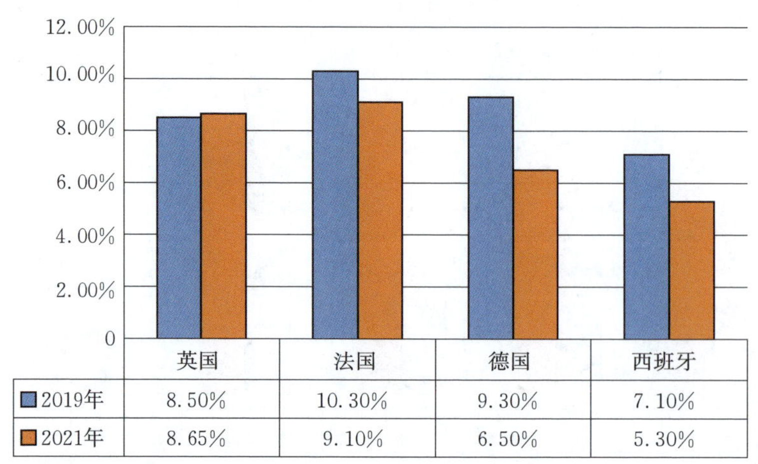

	英国	法国	德国	西班牙
2019年	8.50%	10.30%	9.30%	7.10%
2021年	8.65%	9.10%	6.50%	5.30%

附图 2-3　2019 年和 2021 年铁路旅客周转量市场份额指标

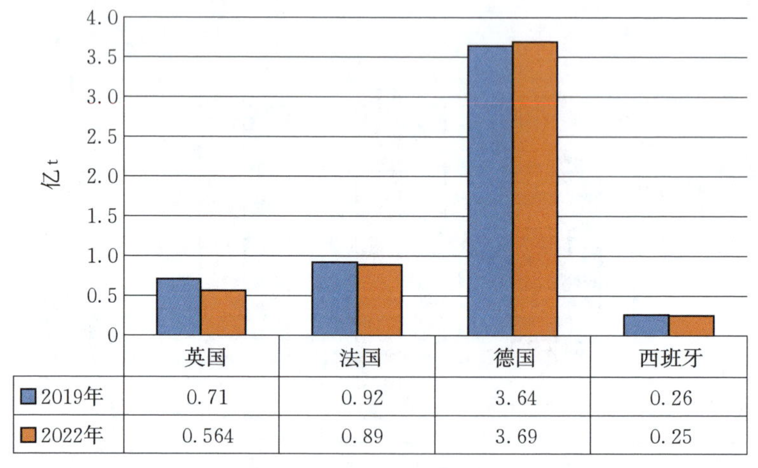

	英国	法国	德国	西班牙
2019年	0.71	0.92	3.64	0.26
2022年	0.564	0.89	3.69	0.25

附图 2-4　2019 年和 2022 年铁路货运量指标

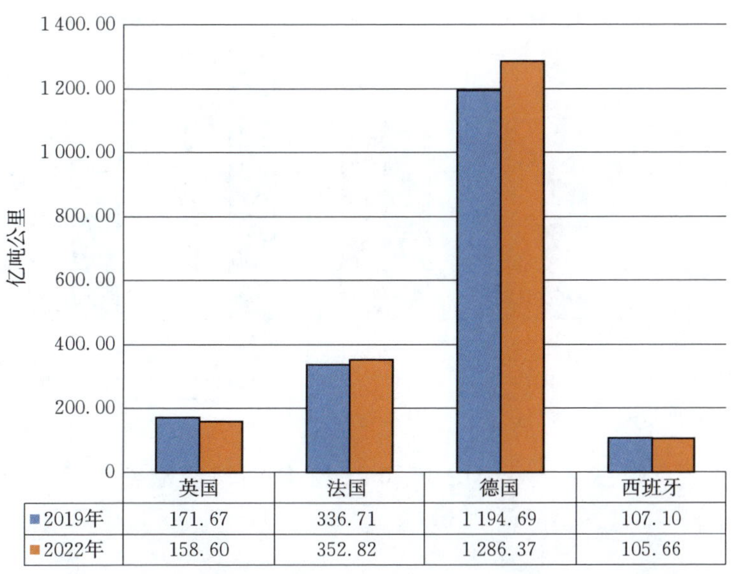

	英国	法国	德国	西班牙
2019年	171.67	336.71	1 194.69	107.10
2022年	158.60	352.82	1 286.37	105.66

附图 2-5　2019 年和 2022 年铁路货物周转量指标

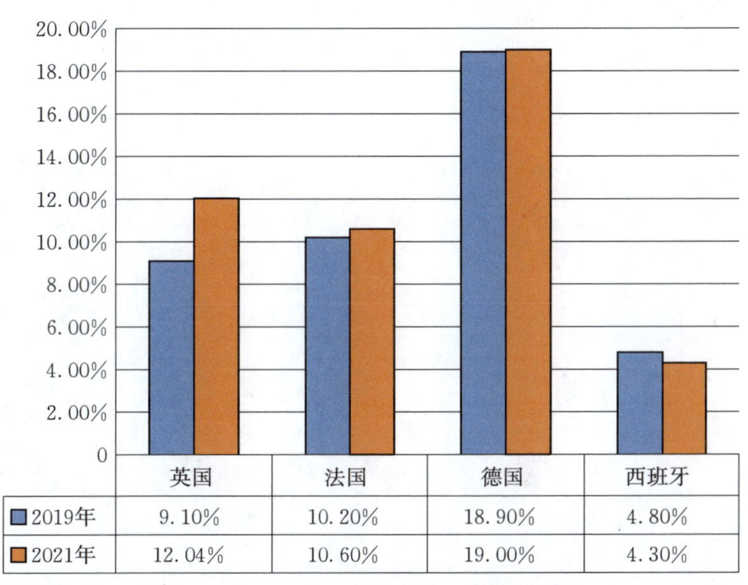

	英国	法国	德国	西班牙
2019年	9.10%	10.20%	18.90%	4.80%
2021年	12.04%	10.60%	19.00%	4.30%

附图 2-6　2019 年和 2021 年铁路货物周转量市场份额指标

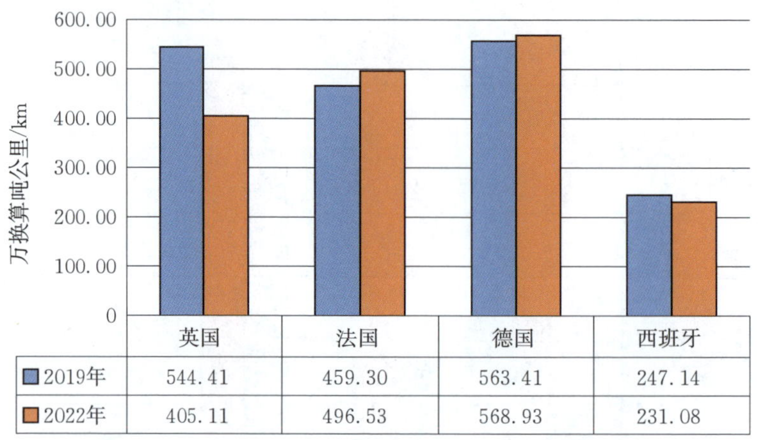

	英国	法国	德国	西班牙
2019年	544.41	459.30	563.41	247.14
2022年	405.11	496.53	568.93	231.08

附图 2-7　2019 年和 2022 年铁路运输密度

附录 3　国有铁路公司发展相关指标

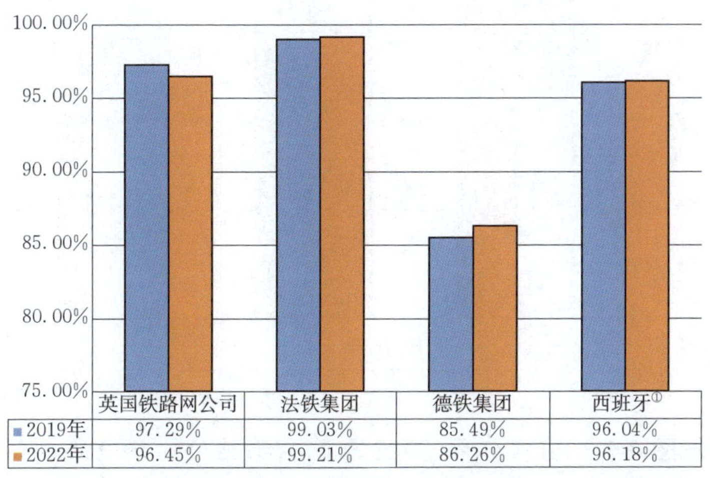

	英国铁路网公司	法铁集团	德铁集团	西班牙[①]
2019年	97.29%	99.03%	85.49%	96.04%
2022年	96.45%	99.21%	86.26%	96.18%

附图 3-1　2019 年和 2022 年国有铁路公司运营里程占全国铁路运营里程比重

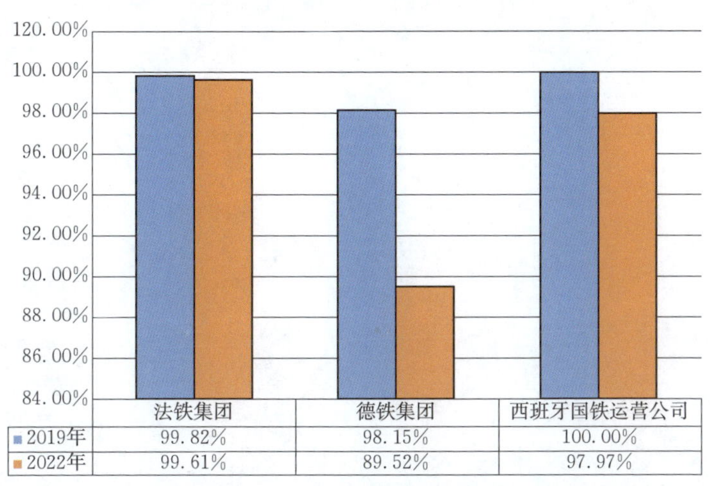

	法铁集团	德铁集团	西班牙国铁运营公司
2019年	99.82%	98.15%	100.00%
2022年	99.61%	89.52%	97.97%

附图 3-2　2019 年和 2022 年国有铁路公司旅客周转量占全国铁路旅客周转量比重

① “西班牙”指西班牙铁路基施设施管理公司（ADIF）和高速铁路基础设施管理公司（ADIF-AV）运营里程占西班牙全国运营里程的比重。

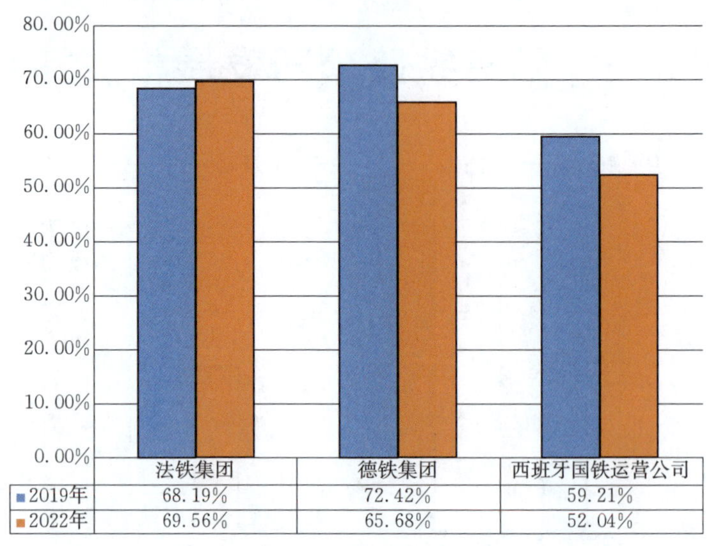

	法铁集团	德铁集团	西班牙国铁运营公司
2019年	68.19%	72.42%	59.21%
2022年	69.56%	65.68%	52.04%

附图 3-3　2019 年和 2022 年国有铁路公司货物周转量占全国铁路货物周转量比重

附录 4　国有铁路公司经营管理指标[①]

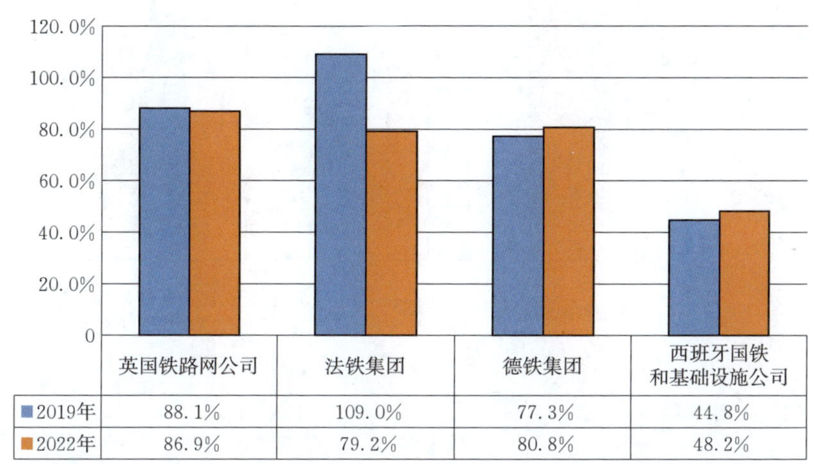

	英国铁路网公司	法铁集团	德铁集团	西班牙国铁和基础设施公司
2019年	88.1%	109.0%	77.3%	44.8%
2022年	86.9%	79.2%	80.8%	48.2%

附图 4-1　2019 年和 2022 年国有铁路公司资产负债率指标

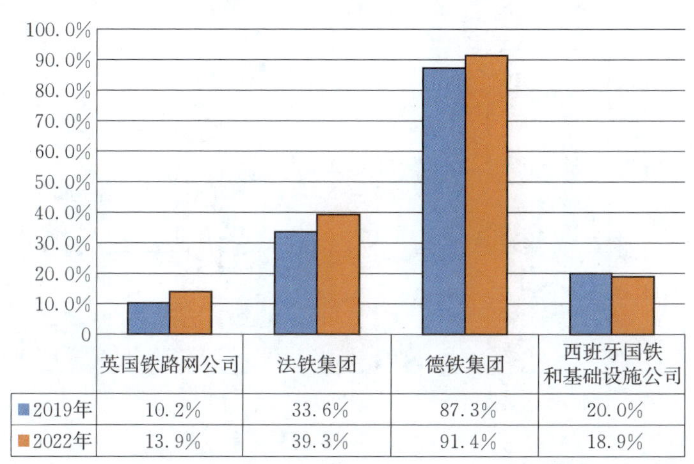

	英国铁路网公司	法铁集团	德铁集团	西班牙国铁和基础设施公司
2019年	10.2%	33.6%	87.3%	20.0%
2022年	13.9%	39.3%	91.4%	18.9%

附图 4-2　2019 年和 2022 年国有铁路公司收入负债比指标

① 附录 4 所示"西班牙国铁和基础设施公司"相关数据，是将西班牙国铁运营公司（Renfe Operadora）、西班牙铁路基础设施管理公司（Adif）和西班牙高速铁路基础设施管理公司（Adif-AV）有关数据合并计算。另外，英镑与欧元汇率按 110:100 估算。

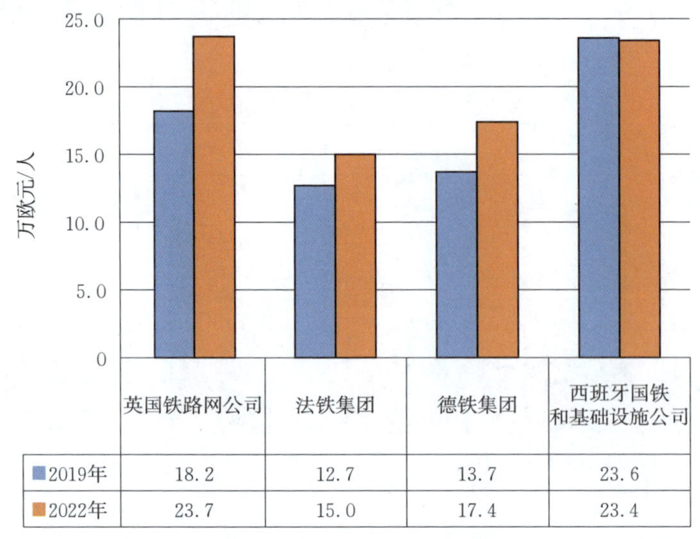

	英国铁路网公司	法铁集团	德铁集团	西班牙国铁和基础设施公司
2019年	18.2	12.7	13.7	23.6
2022年	23.7	15.0	17.4	23.4

附图 4-3　2019 年和 2022 年国有铁路公司人均产值指标

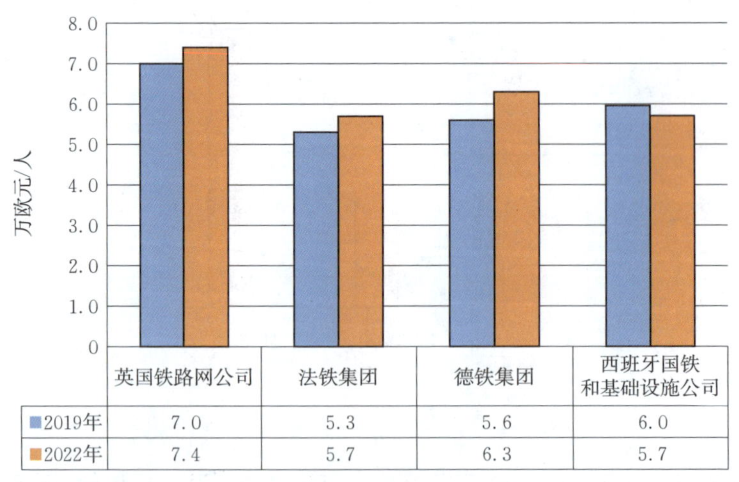

	英国铁路网公司	法铁集团	德铁集团	西班牙国铁和基础设施公司
2019年	7.0	5.3	5.6	6.0
2022年	7.4	5.7	6.3	5.7

附图 4-4　2019 年和 2022 年国有铁路公司平均用工成本指标

参考文献

[1]王玲瑶.中国制造业规模经济的微观效应研究[D].北京:北京交通大学,2021.

[2]姜开妍.基于需求弹性与规模经济的高速铁道定价研究[D].北京:北京交通大学,2014.

[3]黄志伟.基于运输成本的高速铁路规模经济研究[D].成都:西南交通大学,2017.

[4]陈雪丽.基于成本函数的中国铁路规模经济和密度经济实证研究[D].北京:北京交通大学,2017.

[5]董艳华,荣朝和.对铁路规模经济与范围经济的进一步思考[J].铁道经济研究,2005(2):21-28.

[6]樊寒伟.自然垄断产业规制改革绩效研究[D].沈阳:辽宁大学,2017.

[7]王永刚.自然垄断理论研究[D].北京:北京邮电大学,2012.

[8]李洁.铁路行业政府监管与反垄断法监管研究[D].成都:西南交通大学,2016.

[9]严闻广.对“国有化、私有化、集体化”的理论探索[J].社会科学家,1994(1):8-11.

[10]朱安东.私有化与国有化:理论与现实[J].教学与研究,2011(1):48-55.

[11]褚珊.铁路公益性运输服务的有效供给与补贴机制研究[D].北京:北京交通大学,2014.

[12]刘曲星.中国铁路公益性运输认定机制及补贴方式初探:以中国铁路哈尔滨局集团有限公司为例[D].北京:北京交通大学,2020.

[13]张江宇.铁路的公益性与经营性如何界定[J].综合运输,2004(2):23-25.

[14]张超.铁路改革中公益性问题的解决途径[J].综合运输,2009(11):27-31.

[15]邓力洪,吴建均,魏世平,等.私有化:英国国铁的新机遇(由运输大臣呈递给议会的铁路改革白皮书)(续)[J].铁道经济研究,1996(4):36-40.

[16]马忠.英国铁路路网公司管制体系与业绩分析[J].铁道学报,2003,25(4):102-109.

[17]中国铁路代表团.英国铁路改革的成效与问题[J].铁道经济研究,2004(2):2-6.

[18]梁栋.英国铁路考察报告[J].铁道经济研究,2010(4):15-20.

[19]SPIRITO P,王丽丽.欧洲铁路重组过程中的发展与改革[J].中国铁路,1998(10):36-43.

[20]唐秋生,谢如鹤.欧洲铁路的运营现状分析及其借鉴[J].长沙铁道学院学报(社会科学版),2002,3(1):93-96.

[21]潘振锋,荣朝和.从英国铁路引入竞争的尝试看铁路改革与重组[J].铁道学报,2004,26(3):103-107.

[22]谢从军.对英国铁路改革中一些问题的产权分析[J].北京交通大学学报(社会科学版),2004,3(2):20-23.

[23]张欣元.法国国营铁路管理体制改革述评[J].铁道运输与经济,1999,21(3):37-39.

[24]中国地方铁路协会考察团.法国地方铁路的改革及其启示[J].中国铁路,2003(4):54-56.

[25]昌晶.西班牙铁路投资与补贴政策[J].中国铁路,2003(9):57-61.

[26]柳进,陶然,金祖德.德国铁路改革与发展模式的分析与思考[J].铁道运输与经济,2003,25(10):60-62.

[27]高宏伟.铁路改革与激励约束机制[M].北京:经济科学出版社,2004.

[28]荣朝和.探究铁路经济问题[M].北京:经济科学出版社,2004.

[29]罗庆中,贾光智,昌晶.国外铁路改革[M].北京:中国铁道出版社,2013.

[30]杨建飞,韦苇.中外经济思想:理论与典籍[M].北京:科学出版社,2014.

[31]罗德纳·H. 科斯.财产权利与制度变迁:产权学派与新制度学派译文集[M].刘守英,译.上海:格致出版社,上海三联书店,上海人民出版社,2014.

[32]BLACKSHAW P W,THOMPSON L S.Railway reform in the Central and Eastern European (CEE) economies[R].the World Bank,1993.

[33]JUNCA J A.Accessibility of public transport at the european union: an overview[C].Reading 7th International Conference on Mobility and Transport for Elderly and Disabled People,1995.

[34]POORTVLIET T V,TURNER J.Simplifying the UK rail fares systems[J].Rail professional,2018(246):45-46.

[35]WELD C R.On accidents upon the railways in Great Britain[J].Journal of the Royal Statistical Society Series A(Statistics in Society),2018(2):

226-229.

[36]VANDE VELDE D.Changing trains,railway reform and the role of competition (book review)[M].London:Routledge,1999.

[37]GÓMEZ-LBÁEZ J A,DE RUS G.Competition in the railway industry:an international comparative analysis[M].North Ampton:Edward Elgar Publishing,2006.

[38]FINGER M,MONTERO J.Handbook on railway regulation:concepts and practice[M].North Ampton:Edward Elgar Publishing,2020.

[39]FITZOVÁ H.European railway reforms and efficiency:review of evidence in the literature[J]. Review of Economic Perspectives, 2017, 17(2): 103-120.

[40]LÓPEZ PELÁEZ A,SEGADO SÁNCHEZ-CABEZUDO S,KYRIAKOU D.Railway transport liberalization in the European Union: freight, labor and health toward the year 2020 in Spain[J]. Technological Forecasting and Social Change,2012,79(8):1388-1398.

[41]MATHIEU G .The reform of UK railways-privatization and its results [J].Japan railway & transport review,2003(34):16-31.

[42]CLINNICK R .Concern over suggestions of 2.6% increase in rail fares[R]. Rail,2020.

[43]LAISI M.National peculiarities in Russian railway freight market:what the market has to offer for foreign railway undertakings? [J].International Journal of Procurement Management,2013,6(6):702-717.

[44]DESMARIS C.La gouvernance régionale du transport ferroviaire de voyageur en France :une approche par la méthode des comptes de surplus[J]. Revue D'Economie Régionale et Urbaine,2011(1):39-79.

[45]TOMES Z,KVIZDA M,NIGRIN T,et al.Competition in the railway passenger market in the Czech Republic[J].Research in Transportation Economics,2014(48):270-276.

[46]LAROCHE F,LAMATKHANOVA A.Exploring effects of competitive tender for users in the regional railway market:evidence from Europe[R]. Archive ouverte HAL,2020.